Imen Ben Hassen

Découpage et analyse faciale pour la détection de l'hypovigilance

Imen Ben Hassen

Découpage et analyse faciale pour la détection de l'hypovigilance

Éditions universitaires européennes

Impressum / Mentions légales

Bibliografische Information der Deutschen Nationalbibliothek: Die Deutsche Nationalbibliothek verzeichnet diese Publikation in der Deutschen Nationalbibliografie; detaillierte bibliografische Daten sind im Internet über http://dnb.d-nb.de abrufbar.

Alle in diesem Buch genannten Marken und Produktnamen unterliegen warenzeichen-, marken- oder patentrechtlichem Schutz bzw. sind Warenzeichen oder eingetragene Warenzeichen der jeweiligen Inhaber. Die Wiedergabe von Marken, Produktnamen, Gebrauchsnamen, Handelsnamen, Warenbezeichnungen u.s.w. in diesem Werk berechtigt auch ohne besondere Kennzeichnung nicht zu der Annahme, dass solche Namen im Sinne der Warenzeichen- und Markenschutzgesetzgebung als frei zu betrachten wären und daher von jedermann benutzt werden dürften.

Information bibliographique publiée par la Deutsche Nationalbibliothek: La Deutsche Nationalbibliothek inscrit cette publication à la Deutsche Nationalbibliografie; des données bibliographiques détaillées sont disponibles sur internet à l'adresse http://dnb.d-nb.de.

Toutes marques et noms de produits mentionnés dans ce livre demeurent sous la protection des marques, des marques déposées et des brevets, et sont des marques ou des marques déposées de leurs détenteurs respectifs. L'utilisation des marques, noms de produits, noms communs, noms commerciaux, descriptions de produits, etc, même sans qu'ils soient mentionnés de façon particulière dans ce livre ne signifie en aucune façon que ces noms peuvent être utilisés sans restriction à l'égard de la législation pour la protection des marques et des marques déposées et pourraient donc être utilisés par quiconque.

Coverbild / Photo de couverture: www.ingimage.com

Verlag / Editeur:
Éditions universitaires européennes
ist ein Imprint der / est une marque déposée de
OmniScriptum GmbH & Co. KG
Heinrich-Böcking-Str. 6-8, 66121 Saarbrücken, Deutschland / Allemagne
Email: info@editions-ue.com

Herstellung: siehe letzte Seite /
Impression: voir la dernière page
ISBN: 978-3-8417-4775-4

Dédicaces

À ma chère mère Hamida

Honorable et aimable. Aucune dédicace ne serait éloquente pour exprimer ce que tu mérites pour tous les sacrifices que tu n'as cessé de me donner durant toute ma vie et tout au long de mes études. Que tu veuille trouver dans ce modeste travail le, fruit de tes sacrifices et la preuve de mon amour et ma gratitude éternelle Que dieu te préserve et t'accorde santé, longue vie et bonheur.

À mon cher père Habib

Pour tous les sacrifices que tu n'as cessé de me donner durant toute ta vie .Tu serais toujours dans mon cœur et je ne t'oublierais jamais .Que dieu t'accorde ta miséricorde.

À mon cher frère Saber

Pour son amour, sa disponibilité et son encouragement tout au long de mes études.

À mes oncles Mohamed et Abich

Pour leur présence, leur affection et leur soutien, m'ont été un grand secours au long de ma vie professionnelle.

À mon cher fiancé Souheil

Pour son soutien moral, sa gentillesse sans égal. Sans son aide, ses conseils et ses encouragements ce travail n'aurait eu le jour.

À ma chère amie Takwa

Pour la sœur que dieu m'a offert, pour son encouragement, son amour et sa tendresse.

À mes chers cousins Seif & Dhia

Pour son aide, ses encouragements et son soutien.

À Mes chers amis

Je dédie ce manifeste travail que j'espère être couronné par le succès.

IMEN

Remerciements

Je tiens tout d'abord à remercier le Grand Dieu, tout puissant, de m'avoir aidé à accomplir ce travail, malgré toutes les difficultés auxquelles on a été confronté.

Qu'il me soit permis de présenter mes sincères remerciements à tout ceux qui, quelle qu'en soit la manière, ont apporté leur contribution afin que soit accompli ce travail.

J'adresse mes vifs remerciements à Mr *Mahmoud BOURAOUI* maitre assistant à l'école nationale d'ingénieurs de Sousse pour ses renseignements recommandables, ses remarques et ses suggestions qui ont été d'une utilité importante et surtout pour sa patience.

Je tiens d'autre part à remercier les respectables membres de jury pour bien vouloir m'accorder de leurs temps précieux pour commenter, discuter et juger mon travail.

Enfin, je ne peux pas achever ce projet sans exprimer ma gratitude à tous les enseignants de l'Ecole Nationale d'Ingénieurs de Sousse, pour leur dévouement et leur assistance tout au long de nos études.

Résumé

Ce travail a été effectué en tant que projet de fin d'études pour obtenir un diplôme d'ingénieur en informatique Appliquée.

Ce projet est intitulé « Découpage et analyse faciale pour la détection de fatigue et de baisse de vigilance ».

La première tache accomplie par notre système est la détection de visage dans une scène moyennant les cascades de Haar et des fonctions offertes par la bibliothèque « Open CV» et ensuite le découpage facial de celui-ci et l'extraction des traits faciaux (la bouche, le front et les yeux).

La deuxième tache qu'offre notre système est la détection de l'hypovigilance (baisse de vigilance) en utilisant la méthode de détection de clignements et de la fermeture de l'œil.

Mots clés :

Détection visage, découpage facial du visage, Open CV, Cascade de Haar, séquence vidéo, Java CV, détection iris.

Abstract

This work was done as a final project studies for a computer engineering degree.

This project is entitled "Cutting and facial analysis for detecting tiredness and decreased alertness."

The first spot accomplished by our system is face detection in a scene through the cascades of Haar and functions offered by the "OpenCV" library and then cutting the face and extracting facial features (mouth, forehead and eyes).

The second spot offered by our system is the detection of drowsiness (decreased alertness) using the method of detecting blinking and eye closure.

Keywords:

Face detection, facial cutting face, Open CV, Haar Cascade, video, JavaCV, iris detection.

Table des matières

ENISO

ENISO

8

Liste des tableaux

Introduction générale

De temps en temps, le problème de la sécurité routière reste en discussion afin de pouvoir diminuer le nombre d'accidents .En effet , la baisse de vigilance au volant ou « l'hypovigilance » est le troisième facteur d'accident après l'alcool et la vitesse alors on peut le considérer comme un problème dangereux d'où il apparait primordial de pouvoir détecter et prévenir cet état afin d'améliorer la sécurité routière .

Dans le présent rapport, notre intérêt est de développer un système de détection d'hypovigilance du conducteur afin de pouvoir diminuer le risque des accidents.

Le rapport est structuré en trois parties.

Le premier chapitre montre une présentation générale de l'image et de la vidéo ainsi que quelques notions de base. Il donne une revue de la littérature sur les différentes techniques de détection de visage. Aussi, il cite les différents algorithmes de l'analyse d'hypovigilance (analyse par EEG et analyse par EOG) en détaillant chacune séparément.

Le deuxième chapitre est consacré a faire une description détaillée de notre approche utilisée pour la détection de visage par la méthode de « Viola & Jones » et l'analyse de l'hypovigilance par la détection de l'iris de l'œil .Nous commençons par donner l'organigramme de notre application .Ensuite, nous passons a l'explication de la méthode « Viola & Jones » et la méthode adoptée pour le découpage facial du visage. Dans la dernière section de ce chapitre, nous détaillerons la méthode de détection de l'iris en donnant les différentes étapes à suivre.

Dans le dernier chapitre, nous allons tester nos algorithmes sur notre base de données .Nous commençons par donner les outils logiciels et matériels nécessaires pour l'implémentation de notre système .Ensuite, nous allons présenter les détails de la détection faciale en utilisant « OpenCV» et les cascades de Haar nécessaires pour notre approche et nous détaillerons notre approche proposée pour l'extraction des traits faciaux.

Nous présentons ensuite l'approche de l'analyse de l'hypovigilance par la détection de l'iris ainsi que les divers résultats obtenus sur des images contenant une œil ouverte et des images contenant une œil fermée et nous finissons ce chapitre par donner les taux de réussite de l'algorithme de découpage facial de visage et de celui de la détection de l'hypovigilance ainsi que les courbes de validations des clignements.

Nous terminons ce rapport par une conclusion générale qui résume nos travaux réalisées ainsi que quelques perspectives.

Chapitre 1

Etat de l'art

Introduction

La classification d'une expression faciale par le cerveau humain est évidente et facile. Néanmoins la détection de visage et l'analyse des caractéristiques faciales pour définir l'expression faciale parait plus complexe pour un ordinateur et spécialement lors du traitement basé sur la vidéo en cas de présence simultanée des informations temporelles et spatiales.

D'où la reconnaissance de l'état de personne a deux grands problèmes à résoudre qui sont la détection et le découpage facial de visage en premier lieu et l'analyse faciale d'expression caractérisant ce dernier pour détecter la baisse de vigilance en deuxième lieu.

Dans la première section, nous commençons de rappeler la définition de l'image et de la vidéo. Dans la deuxième section, nous exposons le problème de la détection et le découpage facial de visage a travers un aperçu sur les méthodes existantes. Dans la troisième section, nous définissons l'analyse faciale pour la détection d'hypovigilance ainsi que les méthodes existantes.

I. Présentation de l'image et de la vidéo

1) L'image

L'image est un ensemble de points appelés pixels abréviation de « **Pic**ture **el**ement ». Le pixel est l'unité de résolution d'une image, il correspond à l'unité indivisible permettant de stocker l'information relative à une luminosité en une certaine position. Il permet aussi de déterminer la dimension de l'image qui est égale au (nombre de lignes x nombre de colonnes). Par exemple une image qui a 400 pixels en hauteur et 200 pixels en largeur a une dimension de 400x200[25].

Elle peut être sous forme :

- analogique : exemple : photographie ou vidéo
- numérique : représentée par un dessin, une icône ou une photographie, créée, traitée, stockée sous forme binaire (suite de 0 et de 1).

On distingue trois types d'images [1] :

- les formats BitMap (numérique) : BitMap ou (image de format adressable) est l'abréviation de « Bits Mapped ». en effet, l'image numérique est considérée comme une matrice ou un tableau de pixels dont chacun présente une information de couleur ou de luminance.ces types des images sont utilisées pour stocker des images simples.

- Les formats vectoriels : l'image est orientée vecteur .En effet, au lieu de stocker des points élémentaires, ces formats permettent d'enregistrer les différents types d'information permettant de reconstruire l'image (information sur les lignes, les cercles, les courbes qui la composent) ajoutons a cela que ces formats permettent de stocker des images complexes. Les images vectorielles sont utilisées pour dessiner des logos, des schémas, des dessins techniques etc...

L'image est caractérisée par le format d'enregistrement. Il existe différents types de formats tels que le format JPEG, GIF, TIFF, PNG, BMP [2].

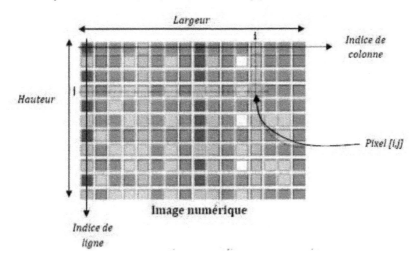

Figure1. 1: Présentation d'une image numérique [2]

2) La Vidéo

La vidéo est l'ensemble des images enregistrées et animées aves ou sans son. La vidéo est compressée par un CODEC (Codeurs/ Décodeurs). Il ya deux types de codec, les CODEC matériels et logiciels. Il existe plusieurs formats de vidéos numériques, on les reconnait par leurs extensions. Les formats les plus utilisées sont [3]:

- **AVI** : L'Audio Video Interleave est un format qui sert à stocker des données audio et vidéo .ces fichiers peuvent être lu par n'importe quel logiciel gratuit.
- **MPG** : Il est utilisé pour les fichiers vidéo MPEG-1. IL utilise le lecteur multimédia de Windows.
- **MP3** : Il est utilisé pour les fichiers Audio MPEG-1 layer 3. Winamp est utilisé le plus souvent.

- **FLV :** Le format Flash Vidéo, utilisé en quantité sur Internet (comme Linternaute Video).

Concernant la lecture de la vidéo, on affirme que la vidéo est une succession d'images qui affiche généralement entre 20 et 30 images par seconde. Chaque image de la vidéo est une matrice elle est composée donc de lignes horizontales et verticales, les lignes horizontales sont vues comme une succession de points d'où la lecture de la vidéo se fait image par image et la lecture d'une image se fait ligne par ligne.

L'extraction des images de la vidéo se fait par la lecture de chaque image de la vidéo traitée puis l'enregistrer dans un dossier pour pouvoir les récupérer prochainement.

II.   La détection et le découpage facial du visage

1) Description de la détection faciale

La détection de visage dans une image est une étape primordiale dans toute application de vision par ordinateur traitant la biométrie faciale. Le but de cet algorithme est de déduire l'existence ou non du visage dans une image et isoler la région qui contient le visage en cas de présence de celui-ci.

En général, les systèmes de détection de visage utilisent les sous-fenêtres lors de la recherche du visage dans l'image, il faut donc que cette recherche sera faite avec le minimum de calcul ainsi le minimum de temps d'où Beaucoup de recherches portent sur la détection du visage humaine à présent , et différents approches et algorithmes ont été élaborés.

2) Les techniques existantes

On distingue quatre approches théoriques [4] pour la détection de visage dans une image :

- Approches basées sur la connaissance : c'est une représentation intuitive du visage (présence de la bouche, des yeux, de front etc.)
- Approches basées sur les traits invariants: considèrent les traits invariants du visage qui sont indépendants de tout changement dans l'image.
- Template matching (appariement de Gabarit) : se basent sur une corrélation entre un modèle de visage et le visage à traiter.
- Approches basées sur l'apparence: se basent sur la décomposition de l'image en des éléments simples.

2.1) Approches basées sur la connaissance (Knowledge-based methods)

Ce sont des méthodes à base de règles. Ils essaient de capturer notre connaissance sur les caractéristiques des visages et les traduire en un ensemble des règles. Il est facile de deviner quelques règles simples.

Par exemple, un visage comporte généralement deux yeux symétriques, et le contour des yeux est plus sombre que les joues.les traits du visage pourraient être la distance entre les yeux ou la différence d'intensité du couleur entre le contour de l'œil et la zone inferieure. Le grand problème avec ces méthodes existe dans la difficulté de construire un ensemble approprié des règles.il pourrait y avoir des nombreux fausses alertes (false positive) si les règles étaient trop générales.

D'autre part, il pourrait y avoir de nombreux (false négative) si les règles étaient trop détaillées. Une solution consiste à construire des méthodes basées sur la connaissance hiérarchiques pour résoudre ces problèmes.

En effet, avec un très petit nombre de pixels, il est possible de sélectionner quelques zones images candidates à la représentation d'un visage. Chacune de ces zones sera ensuite étudiée plus précisément (en augmentant la résolution) à l'aide d'histogrammes et de détections de contours (l'utilisation de filtre « canny »). Le taux de réussite de cette approche reste faible avec la présence de fausses alertes ainsi qu'elle est incapable de trouver des nombreux visages dans une image complexe.

D'autres chercheurs ont essayé de trouver quelques traits invariants pour la détection de visage.

L'idée est de dépasser les limites de notre connaissance instinctive de visages.

Un algorithme rapide a été développé par Han, Liao, Yu et Chen [7] en 1997.

La méthode est divisée en plusieurs étapes. D'abord, elle tente de trouver les pixels analogues aux pixels de l'œil, de sorte qu'il supprime les pixels indésirables de l'image. Après avoir effectué le processus de segmentation, ils considèrent chaque segment analogue a l'œil en tant que candidat de l'un des yeux. Ensuite un ensemble de règle est exécuté permettant de définir la paire potentielle des yeux. Une fois que les yeux sont sélectionnés, les algorithmes calculent la surface de visage comme un rectangle. Les quatre sommets de la surface sont déterminés par un ensemble de fonctions. Ainsi, les visages potentiels sont normalisés à une taille et une orientation fixe. Puis, les zones de surface sont vérifiées en utilisant un réseau de neurones à rétro-propagation. Finalement, ils appliquent une fonction de coût pour faire la sélection finale. Mais le problème majeur de ces méthodes est qu'ils sont incapables de détecter les yeux quand l'être humain porte des lunettes.

Il ya d'autres caractéristiques qui peuvent régler ce problème. Par exemple, il existe des algorithmes qui détectent les textures visage ressemblant ou la couleur de la peau humaine.

Il est très important de choisir le meilleur modèle de couleur pour détecter les visages. Certaines recherches récentes utilisent plus d'un modèle de couleur. Par exemple, RVB et HSV sont utilisés ensemble avec succès.

2.2) L'appariement de Gabarit (Template matching)

« Template matching » [6] ou l'appariement de gabarit, est une technique de détection de visage la plus simple. Elle tente de définir un modèle de visage et comparer l'intensité des pixels entre un gabarit prédéfini et plusieurs régions de l'image qu'on souhaite extraire les visages.

Par exemple, un visage peut être divisé en yeux, contour du visage, nez et bouche. Aussi un modèle de visage peut être construit par les bords. Mais ces méthodes sont limitées à des visages qui sont frontales.

Ajoutons à cela que ces méthodes présentent deux désavantages majeurs. En effet, les performances du « Template matching » diminuent avec les expressions du visage. L'échelle de la photo est aussi un facteur limitant. Pour palier a ce problème, divers gabarits peuvent être définis, mais la gestion des résultats obtenus peut s'avérer complexe. Ceci implique donc un balayage de l'image a diverses échelles. D'où l'utilisation d'un gabarit plus ou moins adapté au visage ne donne pas un résultat précis.

La localisation des différentes caractéristiques du visage peut être déduite à partir des positions correspondantes sur le gabarit. Celles-ci sont déterminées au préalable manuellement en positions relatives par rapport aux dimensions du gabarit. On constate aussi que le gabarit peut ne pas être parfaitement positionné en translation, en échelle en rotation sur le visage à détecter. Dans ce cas, les coordonnées déduites sont fausses.

Cependant, des gabarits déformables ont été proposés pour faire face à ces problèmes.

Figure (a): eye template matching   figure (b): face template matching

Figure1. 2: Présentation d'un gabarit (Template Matching) [5]

2.3) Approches basées sur l'apparence (Appearence Based Methods)

En général, les méthodes basées sur l'apparence s'appuient sur des techniques d'analyse statistique et de l'apprentissage machine pour trouver les caractéristiques pertinentes des images de visages. Certaines méthodes basées sur l'apparence travaillent dans un réseau probabiliste. Un vecteur d'image ou de fonctionnalité est une variable aléatoire avec une probabilité d'appartenance à un visage ou non. Une autre approche consiste à définir une fonction discriminante entre le visage et les classes non-visage. Ces méthodes sont aussi utilisées dans l'extraction de caractéristiques pour la reconnaissance faciale.

Néanmoins, ce sont les méthodes ou les outils plus importants:

a) Visages propres (Eigen Face)

Cette méthode est supportée par le MIT, elle est représentée par Turk et Pentland [8] en 1991 et elle est connue aussi sous le nom d'analyse en composants principales ACP. Ce système décompose l'image en série d'images teintées de nuances de gris, chacune mettant en évidence une caractéristique particulière du visage. Les zones claires et foncés ainsi crées forment les caractéristiques uniques du visage (ce sont les Eigen faces).On en extrait ainsi de 100 a 125 image par visage. Cette réduction de dimension fournie les premiers vecteurs propres (Eigen) qui représentent   les plus fortes différences entre les points que nous analysons : yeux, nez, bouche, etc.

Le rôle de l'ACP consiste à distinguer les images contenant des visages des images ne contenant pas de visages mais le problème de cet algorithme est qu'il ne peut pas reconnaitre deux visages identiques mais d'expressions faciales différentes.

Les étapes de cet algorithme sont :

+ Effectuer un balayage de la zone de l'image à traiter.

17

ENISO

♦ Réaliser la reconstitution avec les premiers vecteurs propres pour chacune des imagettes à analyser.

♦ Si l'image reconstruite possède suffisamment de points communs avec l'imagette d'origine, alors la sous-image possède les caractéristiques discriminantes de la classe générée et peut être examinée correctement avec la base générée par les vecteurs propres.

♦ La distance entre ces deux images est calculée à l'aide d'une métrique particulière telle que celle utilisée pour l'appariement de gabarit ».

b) Les réseaux de neurones

Beaucoup de problèmes de reconnaissance des formes, comme la reconnaissance d'objets, reconnaissance de caractères, etc. ont été confrontés avec succès par les réseaux de neurones. Cette méthode a été inventée en 1998.Ces systèmes peuvent être utilisés dans la détection de visage de différentes manières. « Henry A. Rowley », « Shumeet Baluja », et « Takeo Panade » [5] ont écrit un article qui présente leur système de détection de visage basé sur les réseaux de neurones.

Leur système utilise des multiples réseaux de neurones pour améliorer la performance sur un seul réseau de neurones.

Ce détecteur de visage est capable de localiser correctement les visages frontaux dans des images en niveaux de gris en respectant les conditions de luminosité et de complexité de milieu.

Présentons maintenant le fonctionnement de détecteur, ses fonctionnalités et une évaluation de sa performance.

Les images présentées au réseau passent par une étape de prétraitement pour améliorer la classification du système. En effet, une tentative est faite pour égaliser les valeurs d'intensité des pixels présents dans la fenêtre et égaliser l'histogramme pour élargir la gamme d'intensité de l'image. Ensuite, l'image est transmise a travers un réseau de neurones, constitué des couche d'unités cachées : quatre pour les sous régions de 10*10 pixels, seize pour les sous régions de 5*5 pixels (pour détecter les yeux et le nez), et six pour le chevauchement des bandes horizontales 20*5 pixels (pour la détection de la bouche). La sortie de ce réseau est une seule valeur réelle qui indique la présence d'un visage.

Quelques premières recherches ont utilisé les réseaux de neurones pour apprendre les modèles visage et les modèles non-visage .Ils ont défini le problème de détection comme un problème à deux classes. Le véritable défi est de représenter les "images ne contenant pas de visages".

Le réseau de neurones est initialisé avec des poids aléatoires et donne comme sortie (1 pour les exemples de visage) et (-1 pour les exemples non visage).

Des expériences avec un seul réseau de neurones donnent un bon taux de détection (90.9% a 92.5% mais avec un grand nombre de faux positifs). Pour faire face a ce problème, on a recours a l'arbitrage de réseaux de neurones multiples ou encore la fusion pour améliorer la performance d'un simple réseau de neurones [26].

Plusieurs méthodes d'arbitrages sont mises en œuvre. Avec « ANDing » [5], le taux de détection de visage est réduit (77,9%) mais avec la présence de faux négatifs.

Avec « ORing » [5] le taux de détection s'améliore mais apparition d'un grand nombre de faux négatifs .Le troisième procédé le plus complexe d'arbitrage est l'utilisation d'un autre étage de calcul sous la forme d'un réseau de neurones. Cette méthode donne un bon taux de détection (83,4% a 84,4%) et avec un nombre acceptable de faux positifs.

En bref, cette approche de détection de visage est connue sous le terrain, capable de détecter entre 77,9% et 90,3% des images dans un ensemble de 130 images de test avec un nombre acceptable de fausses détections mais elle présente un problème majeur car elle ne détecte que les visages frontaux.

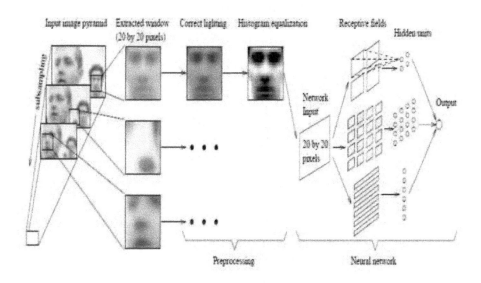

Figure1. 3: architecture d'un réseau de neurones [7]

c) *Support Vector Machines(SVM)*

Cette technique a été appliquée pour la première fois à faire la détection de visage par « Osuna » et « Al. Edgar Osuna ». « Robert Freund » et « Federico Girosi » [9] qui ont étudié l'application de Support Vector Machines (SVM) dans la vision par ordinateur et ont présenté leurs conclusions dans un article intitulé «Support Formation Vector Machines: une application de détection de visage".

SVM est une technique d'apprentissage développé par « V. Vapnik » [5] et son équipe (AT & T Bell Labs), et est une méthode relativement nouvelle pour les réseaux de neurone ou les fonctions radiales (RBF) des classificateurs.

Donnons maintenant le fonctionnement de cette technique en évaluant sa performance.

SVM sont des classificateurs linéaires qui maximisent la marge entre l'hyper plan de décision et les exemples de l'ensemble d'apprentissage. Ainsi, un hyperplan optimal doit minimiser l'erreur de classification des motifs de test invisibles.

Le détecteur de visage proposé dans cette technique permet de détecter les visages orienté verticalement non occlus ainsi que les vues frontales dans des images en niveau de gris.

Bien que les variations d'échelle et les conditions d'éclairage sont traitées dans une certaine mesure par ce système de détection, il ne mentionne pas la complexité de l'arrière plan qui peut être mise en œuvre .Ce système ne nécessite aucune connaissance préalable des visages, contrairement à l'approche de « Rowley et al », qui utilise divers récepteurs spécifiques de fonctionnalités et de l'approche de « Sung et Pogio » qui utilise un modèle de visage complexe.

Une frontière de décision complexe est calculée pour séparer les deux classes (visage et non-visage) avec la plus grande marge possible, et moins de mauvaises classifications.

Ces points de données qui jouent un rôle essentiel dans cette tâche se trouvent généralement près de la frontière et sont appelés vecteurs de support.

Une première estimation de la limite de décision est prise, puis améliorée de manière itérative en calculant l'erreur (le nombre de vecteurs de support qui ne répondent pas a l'optimalité).

Le système de détection de visage utilise des images 19*19 contenant des visages et des non visages avec un résultat (1 si visage) et (-1 si non visage).

En premier lieu, les images sont coupées en fenêtres de 19*19 ensuite chaque fenêtre est classée par l' SVM .Les fenêtres contenant des visages sont décrites dans un rectangle pour indiquer l'emplacement du visage.

Les résultats de la SVM sont comparables à ceux des systèmes proposés par « Rowley et al »et « Sung » et « Pogio » [4].

Deux essais ont été utilisés ensemble pour analyser les performances du système.

La première, la «série A» a donné un taux de détection impressionnant de 97,1% avec seulement 4 fausses alarmes [4].

La deuxième « Série B », avec un arrière plan plus complexe et différentes conditions d'éclairage a donné un taux de détection de 74,2% avec 20 fausses alarmes [4].

Cette approche est utilisée pour bien s'étendre à d'autres problèmes de détection d'objet, mais elle est limitée en des besoins en mémoire.

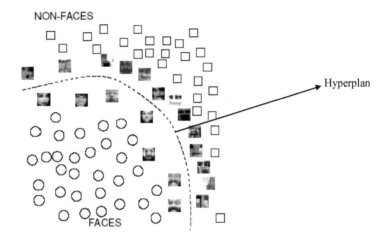

Figure1. 4:architecture d'un système de détection SVM [5]

d) Les champs de Markov cachées (Hidden Markov Model)

Ce modèle statistique inventé par « Schneiderman » et « Kanade » [10] a été utilisé pour la détection de visage et pour la reconnaissance d'expression faciale en temps réel.

L'approche HMM intégré utilise un ensemble efficace de vecteurs d'observation et les états de la chaîne de Markov.

Le défi est de construire un HMM adéquat, de sorte que la probabilité de sortie peut être digne de confiance. Les états du modèle seraient les traits du visage, qui sont souvent définies comme des bandes de pixels. La transition probabiliste entre les états est généralement les frontières entre ces bandes de pixels. Comme dans le cas de bayésiens, HMM sont couramment utilisés avec d'autres méthodes pour construire des algorithmes de détection. Cette approche est une méthode efficace pour extraire les vecteurs d'observation en utilisant les coefficients KLT. Compatible avec le cadre de HMM pour la reconnaissance faciale, une approche de détection de visage roman est introduite. Par rapport aux méthodes basées sur des modèles classiques, l'approche basée sur les HMM offre un Framework plus souple pour la détection et la reconnaissance, et peut être utilisé de manière plus efficace dans les systèmes invariants d'échelle.

2.4) Les méthodes basées sur les traits invariants

L'objectif de cette technique de détection de visage est de trouver les caractéristiques invariantes du visage.

Ces caractéristiques invariantes sont les traits du visage, la texture el la couleur de la peau.

a) *Les traits du visage*

➧ Contours :

Cette méthode permet d'avoir une information sur l'image et caractériser les formes qui existent dedans. « HAMMAL et al. » [11] font l'extraction automatique de contours de traits de visage qui sont indispensables tel que les sourcils, les yeux, le nez, la bouche etc. mais le problème de cet algorithme est qu'il ne tient pas compte de déformations. Par contre, la méthode de « Sirohey » [11] consiste à faire une segmentation d'image en utilisant des contours et des considérations heuristiques. Il regroupe les contours qui correspondent à des visages et rejette les autres. Le taux de réussite de cet algorithme est 80 % qui est un taux acceptable.

➧ Taches et rayures :

« Chetverikov » [11] utilise des taches et des traits qui ont des orientations similaires. L'algorithme de cette méthode consiste à utiliser un modèle de visage qui contient deux taches sombres pour les yeux, trois taches claires pour les pommettes et le nez, les lignes de visage se caractérisent par des traits d'orientations similaires. La configuration triangulaire des tâches est étudiée ultérieurement.

➧ Images en nuances de gris :

Cette méthode se base sur l'utilisation d'un filtre passe-bande pour mettre en valeur les composants du visage (le nez, la bouche, les yeux etc.) Ensuite à partir de l'histogramme de l'image on va fixer un seuil qui va nous aider à délimiter l'image en zones.

⚓ Rapports de brillance :

Si les conditions de brillance changent de manière sensible entre deux visages, il n'en est pas de même des rapports de brillance entre deux parties du même visage. En ne gardant que les "directions" (à partir de ces rapports) d'un nombre assez restreint de parties du visage, on obtient un invariant relativement robuste.

⚓ Distances mutuelles :

Il existe deux méthodes : méthode statistique et méthode probabiliste.

« Yang et Ahuja » [11] utilisent une méthode statistique dans afin de détecter les propriétés chromatiques.

« Yang », « Ahuja » et « Kriegman » [11] utilisent une méthode probabiliste. En premier lieu, cette méthode cherche certaines composantes caractéristiques de visage .Ensuite, elle utilise une méthode statistique pour estimer les positions relatives et enfin la décision bayésienne permet de résoudre le problème de classification.

⚓ Morphologie :

L'objectif de cette méthode est d'extraire les segments analogues à des yeux. La méthode d'extraction est la suivante : extraire les pixels dont l'intensité présente un fort gradient local, faire un balayage de l'image et détecter les pixels susceptibles d'appartenir aux yeux, faire une combinaison géométrique pour extraire les autres éléments du visage candidat en enfin faire une vérification par réseaux de neurones.

b) *Les textures*

Cette méthode consiste à identifier un visage a partir de ces textures qui sont les cheveux, la peau, etc. ces textures sont calculées sur des masques de 16*16 pixels puis ils sont classifiés de manière supervisée par un réseau de neurones.

c) *La couleur de la peau*

Cette méthode permet d'améliorer la localisation du visage. Il existe des différents espaces de couleur (RVB, HSV, YcrCb, CIE). Le mieux utilisé est HSV car il a une composante qui représente la luminosité (V : value). Il suffit alors de travailler sur les canaux H (Hue) et S (saturations) pour extraire les pixels de l'image. Mais cette méthode est infiable puisqu'elle présente des fausses détections qui ne sont pas négligeables.

2.4) Détection de visage selon la méthode de Viola & Jones

La célèbre technique de détection de visage dans la dernière décennie est la technique proposée par Paul Viola et Michael Jones en 2001[16] .Cette méthodes combine quatre concepts clés qui sont les caractéristiques rectangulaires ou caractéristiques pseudo-Haar en raison de leur similitude avec les ondelettes de Haar, l'image intégrale, l'algorithme Adaboost et l'algorithme en cascade de classifieurs.

Les avantages de chacune de ces contributions sont :

- les caractéristiques rectangulaires permettent la détection multi échelle des objets.
- L'image intégrale permet le calcul de ces caractéristiques en temps réel.
- L'algorithme AdaBoost sélectionne les caractéristiques les plus discriminantes pour créer un classifieur fort et minimiser l'erreur de classification.
- L'algorithme en cascade de classifieurs permet de minimiser le temps de calcul.

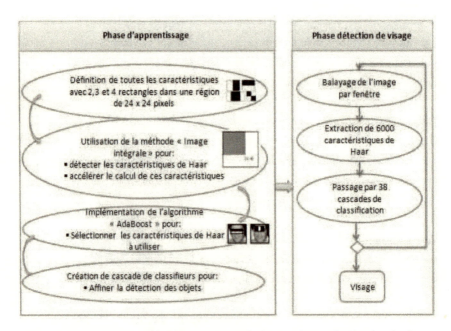

Figure1. 5:La méthode « Viola&Jones »: Exemple de cascade pour la détection du visage [27]

Le point fort de cette méthode est la rapidité de détection ce qui la rend capable d'être exécutée en temps réel et de répondre aux exigences du traitement vidéo.

III. Les algorithmes de la détection de l'hypovigilance

1) Définition de l'hypovigilance

On peut définir l'hypovigilance ou encore « la baisse de vigilance » comme étant la transition entre deux états qui sont l'éveil et le sommeil et qui est responsable des tiers des accidents mortels sur l'autoroute d'après un rapport fait par la sécurité routière alors que la fatigue correspond a l'exhaustion du corps suite a une activité dure d'où on peut conclure que l'hypovigilance est une conséquence de fatigue.

Il existe diverses conséquences de l'hypovigilance on peut citer parmi eux : baisse de vivacité, le temps de prise de décision devient long, augmentation des sentiments de la fatigue, baisse de la motivation etc. D'après tout ces conséquences, on peut affirmer que la conduite dans cet état présente un danger considérable a cause de l'inconscience du conducteur d'ou le risque de faire des accidents augmente. Pour cela, il faut développer un système qui contrôle l'état de vigilance du conducteur pour la prévention contre les accidents et pour améliorer la sécurité routière.

On peut citer deux approches existantes pour la détection de l'hypovigilance qui sont analyse de l'électroencéphalogramme (EEG) et par analyse des signes visuels (les clignements des yeux, les bâillements de la bouche) qui contient des techniques telles que la détection par électro-oculographique (EOG) et par vidéo [12].

2) Les techniques existantes de la détection d'hypovigilance :

2.1) Détection d'hypovigilance par analyse de l'électroencéphalogramme (EEG) :

a) Définition de l'EEG :

L'électroencéphalographie est un domaine concernant l'enregistrement et l'interprétation de l'électroencéphalogramme. L'électroencéphalogramme (EEG) qui est dérivé des mots grecs « enkephalo » (cerveau) et « graphein » (écrire) est un enregistrement du signal électrique généré par l'action coopérative des cellules du cerveau, ou plus précisément, l'évolution dans le temps des champs extracellulaires potentiels générés par leur action synchrone.

L'EEG enregistré dans l'absence de stimulus externe est appelée EEG spontanée. L'EEG générée suite a une réponse a un stimuls interne ou externe est appelée ERP (event-related potentiel).

 L'EEG peut être mesuré en utilisant des électrodes placées au niveau de la peau. L'emplacement de chaque électrode est standardisé par une nomenclature internationale appelée système 10-20 comme l'indique la figure 1.6. Ce système est symétrique, son but est de placer les électrodes adjacentes d'une manière équidistante de front en arrière et de droite à gauche. Elles sont placées à 10% ou 20% de la distance totale et dont chacun possède son propre nom avec P : pariétale, O : occipitale, F : frontale, Fp : fronto-pariétale, T : temporale et C centrale [12].

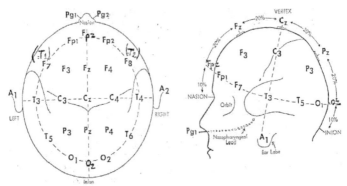

Figure1. 6: Présentation de la nomenclature 10-20[12]

On peut décrire le signal EEG comme étant la contribution des activités cérébrales rythmiques qui sont divisées en des bandes de fréquences. Ajoutons à cela que ces activités rythmiques dépendent de l'âge et du comportement en état de vigilance.

Donnons maintenant un aperçu sur les différentes bandes de fréquences caractérisant le signal EEG :

+ L'activité Delta (0.5–4 Hz) : cette activité est enregistrée pendant le sommeil profond. A ce stade les ondes delta ont une forte amplitude (de l'ordre de 75-200 mV).

+ L'activité Thêta (4–8 Hz) : elle s'exprime rarement chez les adultes cependant elle est prédominante chez les enfants et chez les jeunes lors du demi-sommeil.

+ L'activité alpha (8-13 Hz) : elles sont prédominants pendant l'éveil dans les régions postérieurs de la tète. Elles sont mieux observées généralement lorsqu'on ferme les yeux.

+ L'activité Beta (12-30 Hz) : elle caractérise principalement l'éveil, l'augmentation de la vigilance et de l'attention.

+ L'activité Gamma (30-50 Hz) :

Elle apparaît lors de certaines tâches cognitives ou fonctions motrices. Elle est difficile à enregistrer dans des conditions cliniques standards [13].

En regardant la signification des différentes bandes constituant le signal EEG, on peut conclure que l'hypovigilance est caractérisée principalement par les activités thêta (qui correspond au demi-sommeil), alpha (qui correspond a la fermeture des yeux), et finalement Beta (qui correspond a l'éveil et a l'augmentation de la vigilance).

La figure 1.7présente un signal EEG avec ses différentes bandes de fréquences.

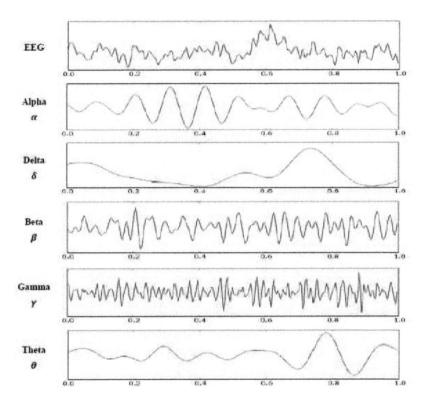

Figure1. 7: signal EEG et ces différentes bandes de fréquences [13]

b) *Explication de l'algorithme de détection de l'hypovigilance par EEG*

Cette approche combine en premier lieu l'analyse de l'activité cérébrale à travers électroencéphalogramme et en deuxième lieu la caractérisation des signes visuels de l'hypovigilance (les clignements des yeux, la direction de regard etc..).

La première étape de cet algorithme est faire la détection de l'hypovigilance sur les signaux EEG et tester si on a des signes d'hypovigilance qui apparaissent dans ces signaux. La prise de décision se fait comme suit : si on trouve les signes de l'hypovigilance alors on passe à l'étape de la détection vidéo et si on n'a pas les signes alors on conclut que la personne est éveillée.

❖ **Organigramme de la méthode d'après [14] :**

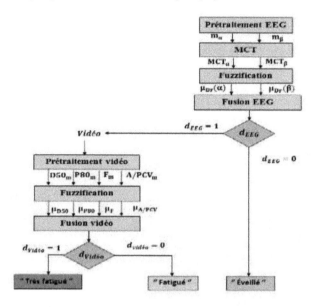

Figure1. 8: l'organigramme de la détection d'hypovigilance par la fusion du vidéo et EEG

❖ *Etapes de l'algorithme :*

⬇ **La détection EEG :**

Prétraitement : les entrées sont les signaux α (l'onde qui correspond a la bande de fréquence (8-12 Hz) caractérisant la relaxation) et β (l'onde qui correspond a la bande de fréquence (12-30 Hz) caractérisant la concentration et l'éveil).

On applique le filtre médian à ces signaux pour rejeter les valeurs indésirables en utilisant une fenêtre glissante de 10s. Les sorties de ce système sont les signaux m_α et m_β.

MCT (Means comparaison Test) :

C'est un test de comparaison de moyenne appliqué sur les signaux α et β pour obtenir MCT_α et MCT_β.

Fuzzification :

On utilise la logique floue pour fusionner les informations MCT_α et MCT_β. La sortie de ce système est $\mu_{Dr}(MCT_\alpha)$ et $\mu_{Dr}(MCT_\beta)$ qui représentent les degrés d'appartenance de MCT_α et MCT_β à la classe « fatigué ».

<u>Fusion EEG :</u>

Ce système fait la fusion de $\mu_{Dr}(MCT_\alpha)$ et $\mu_{Dr}(MCT_\beta)$ et donne comme résultat D_r (MCT_α, MCT_β) qui nous permet de prendre la décision d el'hypovigilance d_{EEG} selon l'équation (2.1) :

$$dEEG = \begin{cases} 0 \text{ si } Dr\ (MCT\alpha, MCT\beta) \leq 0,5 \\ 1 \text{si } Dr\ (MCT\alpha, MCT\beta) >= 0,5 \end{cases} \qquad (1.1)$$

Si d_{EEG} =1 : alors on est dans la classe « éveillé »

Si d_{EEG}=0 : alors on passe a la détection par analyse vidéo.

🔸 **La détection vidéo :**

Elle est faite sur une fenêtre glissante de 20s. Nous utilisons quatre variables :

- D50 : la durée a 50% (entre la moitié de l'amplitude a l'ouverture et celle a la fermeture).
- P80 : le pourcentage de la fermeture de l'œil a 80%.
- F : la fréquence des clignements mesurée par le nombre de clignements dans une fenêtre.
- (A /PCV) : le rapport amplitude vélocité avec A : amplitude de clignement et PCV : vitesse de fermeture de l'œil.

<u>Prétraitement vidéo :</u>

Au cours de cette étape on fait la moyenne des variables D50, P80, F et (A/PCV) sur une fenêtre de 20s. Les sorties de ce système sont $D50_m$, $P80_m$, F_m et $(A/PCV)_m$.

<u>Fuzzification et fusion vidéo :</u>

Au cours de cette étape, on fait la fusion des paramètres obtenus précédemment dans l'étape d'avant pour incrémenter la prise de décision.

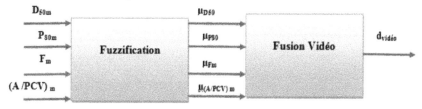

Figure1. 9:Schéma de Fuzzification et de fusion vidéo

Les valeurs μ_{D50}, μ_{p80}, μ_F, $\mu_{A/PCV}$ représentent les degrés d'appartenance des variables $D50_m$, $P8_{0m}$, Fm et A/PCV_m à la classe « fatigué ».

On a l'équation suivante :

$$\mu D50 = \begin{cases} 0: \text{"classe eveillé"} \\ 1: \text{"classe fatigué"} \end{cases} \qquad (1.2)$$

La décision de l'hypovigilance $d_{\text{vidéo}}$ se fait comme suit :

$$\text{dvidéo} = \begin{cases} 0 \; si \; \mu\text{fusion(i)} \leq 0{,}5 \\ 1 \; si \; \mu\text{fusion(i)} \geq 0{,}5 \end{cases} \qquad (1.3)$$

- Si $d_{\text{vidéo}}$= 0 : c'est la classe « éveillée »
- Si $d_{\text{vidéo}}$= 1 : c'est la classe « fatiguée »

2.2) Détection d'hypovigilance par électro-oculographique(EOG)

L'électro-oculographique est la mesure de l'activité électrique des muscles de l'œil, elle est utilisée pour décrire les clignements des yeux et elle est effectuée à une vitesse (de 250 a 500 Hz) qui rend la caractérisation des clignements très précise. Un seul clignement peut être caractérisé par plusieurs caractéristiques [15] :

- **Durée de clignement (D)** : la durée entre le début et la fin de clignement.
- **Durée à 50% (D50)** : la durée entre la moitié d'amplitude d'ouverture de l'œil et celle de la fermeture.
- **Fréquence des clignements (F)** : le nombre de clignements par minute.
- **Amplitude du clignement (A)** : l'amplitude entre le début du clignement et le maximum du même clignement.
- **Durée de fermeture (T_f)** : La durée de la fermeture de la paupière.
- **Durée d'ouverture (T_o)** : la durée de réouverture de la paupière.
- **Vitesse maximale de fermeture (PCV pour Peak Closing Velocity) :** Vitesse maximale de la fermeture de l'œil.
- **Vitesse de fermeture (V_f) :** c'est un paramètre dynamique de la fermeture de l'œil, il est calculé pendant la fermeture.
- **Vitesse d'ouverture (V_o) :** c'est un paramètre dynamique de l'ouverture de l'œil, il est calculé pendant l'ouverture.
- **Pourcentage de fermeture a 80% (PERCLOSE80) :** les yeux sont fermés à 80% pendant une minute au minimum.

La figure 1.10 présente un clignement avec ses différentes caractéristiques.

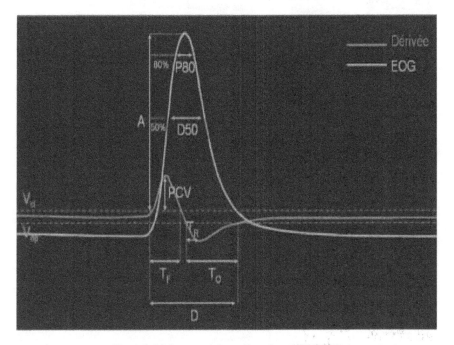

Figure1. 10:Les paramètres d'un signal EOG [15]

2.3) Détection d'hypovigilance par analyse vidéo du conducteur :

Cette approche consiste à détecter les clignements de l'œil en débutant par la détection de l'iris .En effet, l'approche vidéo permet de retrouver de manière non intrusive les paramètres oculaires (clignements des yeux, direction du regard, expressions du visage etc.)

D'où l'installation d'une caméra rapide est moins gênante pour le conducteur que la disposition des électrodes et les fils pour l'acquisition EOG.

La figure 1.11 représente le fonctionnement global du système de détection d'hypovigilance par analyse vidéo. On effectue d'abord la détection de visage puis les yeux afin de pouvoir détecter les clignements.

31

ENISO

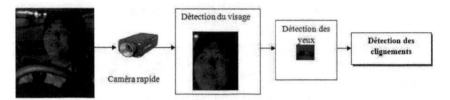

Figure1. 11: détection des clignements par enregistrement vidéo

Conclusion

Tout au long de ce chapitre, nous avons donné une définition à l'image et à la vidéo tout en donnant les caractéristiques de chacune. Ensuite nous donnons un aperçu sur les différentes techniques existantes de détection de visage et nous avons conclus que la meilleure à utiliser est celle proposée par « viola & Jones » et enfin nous citons les différentes méthodes existantes de la détection d'hypovigilance et nous avons décidé d'utiliser la méthode de détection par analyse vidéo car elle permet d'extraire les paramètres significatifs (les signes visuels : détection de clignement , direction des regards , expressions faciales etc..) avec forte précision et elle est facile a mettre en œuvre.

Dans le chapitre suivant, nous allons expliquer notre approche tout en détaillant les différentes techniques utilisées.

Chapitre 2

Description de l'approche proposée

Introduction

Dans la première section de ce chapitre, nous allons faire un organigramme de notre approche proposée tout en décrivant les différentes étapes qui la composent. Dans la deuxième section de ce chapitre, nous allons détailler la méthode de détection de visage par « viola & Jones ». Dans la troisième section, nous allons décrire notre approche pour le découpage facial du visage et dans la dernière section nous finissons par l'analyse de l'hypovigilance par la méthode de détection de l'iris de l'œil.

I.   L'approche proposée

1) Organigramme de l'approche proposée

La figure 2.1 présente l'organigramme de notre approche utilisée.

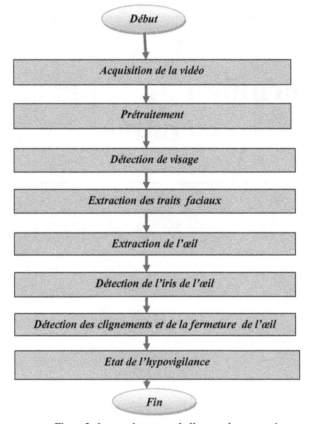

Figure2. 1:organigramme de l'approche proposée

2) Description des étapes de l'approche proposée

2.1) Acquisition vidéo

C'est la première étape de notre système, elle consiste à acquérir une vidéo a partir d'un fichier, on utilise des vidéos de type « MPEG ».

2.2) prétraitement

Au cours de cette étape, nous allons faire deux taches la première est la décomposition de notre vidéo en des frames ensuite l'enregistrement de ces frames dans un dossier pour les récupérer dans l'étape d'après.

2.3) détection de visage

Au cours de cette étape on vérifie l'existence ou non d'un visage dans une séquence vidéo et en cas de son existence on doit récupérer sa localisation.

Dans notre cas, on utilise une vidéo d'où on va extraire le visage dans toutes les images de la vidéo en utilisant la méthode de « viola & Jones » [16] et faire le suivi de celui-ci tout au long de la vidéo.

N'oublions pas q 'avant tout, il faut transformer les images en niveaux de gris car les cascades de Haar ne s'appliquent qu'aux images en niveau de gris.

2.3)   Extraction des traits faciaux

Après avoir faire la détection du visage, on doit faire l'extraction des traits faciaux composant celui-ci (le front, la bouche et les yeux) et Ensuite on fait le découpage de ces différentes caractéristiques et enregistrer chacune a part.

2.4)   Extraction de l'œil

Au cours de cette étape on fait un découpage d'un seul œil et non pas des deux yeux pour se préparer a l'étape d'après qui est la détection de l'iris.

2.5)   Détection de l'iris de l'œil

Pour analyser l'hypovigilance, on a recours à la méthode de détection de clignements de l'œil qui est précédée par l'étape de détection de l'iris.

Après avoir faire la détection de l'iris dans toutes les frames de la vidéo, on va sauvegarder les résultats obtenus dans un fichier texte.

2.6)   Extraction des clignements de fermeture de l'œil

Au cours de cette étape on dessine une courbe à partir des résultats obtenus précédemment et enregistrées dans un fichier texte.

2.7) Reconnaissance de l'état de l'hypovigilance

Enfin à partir de la courbe dessinée précédemment on conclut l'état de la personne (éveillé ou fatiguée).

En effet, on sait qu'au cours de clignement normal, l'œil reste fermée pendant 0,2s (dans notre cas 5 frames) et au cours de clignement lent l'œil reste fermée pendant 0,5s (dans notre cas 12 frames). D'où on conclut que si la durée de fermeture de l'œil dépasse 12 frames alors la personne est fatiguée et ce n'est pas un clignement normal.

II. Explication de la méthode de détection de visage par « viola & Jones »

La méthode « Viola&Jones » a été proposée pour la détection de visage dans une image ou dans une séquencé vidéo et aussi pour détecter des autres objets comme les piétons, les voitures …

Cette méthode est implémentée par la bibliothèque « Open CV » sous le nom de « cascade de Haar » [17].

Cette méthode de détection de visage se base sur quatre concepts clés indispensables au fonctionnement de celle-ci qui sont les caractéristiques pseudo-Haar, l'approche d'image intégrale pour la détection rapide de fonction, la méthode d'apprentissage adaptative AdaBoost et l'algorithme en cascades de classifieurs .

Dans la suite, nous allons expliquer ces quatre concepts tout en détaillant chacune séparément et en précisant l'apport engendré de chacune d'elles sur la performance et l'efficacité de la méthode.

1) Principe de l'algorithme de « Viola&Jones »

Le but majeur de cette méthode consiste à créer un classificateur qui contient un ensemble de propriétés du visage. En effet, ce classificateur est construit en utilisant les caractéristiques pseudo Haar et un algorithme d'apprentissage adaptive AdaBoost ou encore une « classification par boosting » qui se base sur l'utilisation de plusieurs classificateurs faibles pour créer un classificateur fort .Ensuite, on utilise cette série de classificateurs en « cascade » pour vérifier si le visage est détecté dans l'image.

Le point fort de ces caractéristiques faibles est la rapidité en termes de calcul.

2) Les contributions de l'algorithme de « Viola & Jones »

2.1) Les caractéristiques pseudo Haar

La première contribution de la méthode « Viola&Jones » est les caractéristiques pseudo-Haar.

Notre méthode de détection consiste à classer les images selon la valeur des caractéristiques simples.

Une caractéristique pseudo-Haar est représentée par un rectangle défini par son sommet, sa hauteur, sa longueur et son poids. Ces caractéristiques sont des fonctions qui permettent de savoir les contrastes présents dans le visage traité.

Les valeurs de caractéristiques de Haar sont calculées en sou tractant la somme des pixels noirs de la somme des pixels blancs [19]. Le recourt au traitement d'images par ces caractéristiques est motivé par sa rapidité contre le traitement direct à travers le balayage de la totalité d'image pixel par pixel.

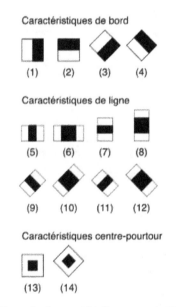

Figure2. 2:Exemple de caractéristiques pseudo Haar [18]

2.2) L'approche image intégrale

La deuxième contribution de la méthode « Viola&Jones »est l'approche image intégrale.

La méthode d'image intégrale est utilisée pour déterminer la présence ou l'absence des caractéristiques dans chaque position de l'image et à n'importe quelle taille.

L'image intégrale peut être définie comme un tableau de consultation a deux dimensions ou encore une matrice ayant la même taille que l'image originale .La valeur intégrale de chaque pixel est la somme de tous les pixels situés a gauche et a droite de lui.

Le but d'utiliser cette approche est la réduction de temps de calcul des caractéristiques pseudo-Haar.

En partant de haut à gauche et en traversant vers la droite et vers le bas, l'image entière peut être intégrée avec quelques opérations entières par pixel.

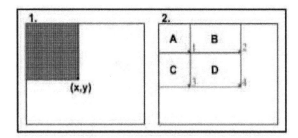

Figure2. 3:Image intégrale : (1) la valeur de l'image intégrale à la position (x, y), (2) calcul de la somme des valeurs de pixels dans le rectangle D d'après [20,21]

Posons ii l'image intégrale de l'image initiale et ii(x, y) la valeur de l'image intégrale au point(x, y).

- cas de la figure (1) : l'image intégrale est définie comme suit :

$$ii(x, y) = \sum_{\substack{x' \leq x \\ y' < y}} i(x, y) \qquad (2.1)$$

- Cas de la figure (2) : on désire calculer la valeur de l'image intégrale pour un rectangle qui n'a pas un coin en haut a gauche de l'image (cas de rectangle D dans la figure (2)). En effet, Cette valeur peut être calculée en se basant sur la valeur de celle-ci en quatre locations.

ENISO

La valeur de l'image intégrale dans la location 1 est égale à la somme des pixels dans le rectangle A.

La valeur de l'image intégrale dans la location 2 est égale à la somme des pixels dans les rectangles (A+B).

La valeur de l'image intégrale dans la location 3 est égale à la somme des pixels dans les rectangles (A+C)

La valeur de l'image intégrale dans la location 4 est égale à la somme des pixels dans le rectangle (A+B+C+D).

Autrement dit, la somme de niveaux de gris des pixels dans la région rectangulaire D est calculée rapidement à partir de quatre sommets de l'image intégrale selon l'équation ci-dessous :

$$D=ii(x4, y4) +ii(x1, y1)-((ii(x3, y3) +ii(x2, y2))) \qquad (2.2)$$

De ce qui précède, la différence entre deux rectangles adjacents est obtenue à partir de six sommets à l'image intégrale ii(x, y) et le calcul d'une caractéristique à trois rectangles nécessite huit sommets.

2.3) L'algorithme AdaBoost

La troisième contribution de la méthode « Viola&Jones » est l'algorithme AdaBoost.
Les deux objectifs majeurs de cet algorithme sont :

- La sélection des meilleurs caractéristiques de Haar qui représentent les visages détectés dans l'image en fixant un seuil adéquat pour la sélection.
- La combinaison de ces caractéristiques pour créer un classifieur fort.

Il sélectionne un ensemble de classifieurs faibles où chacun « pousse » la réponse finale un degré vers la bonne direction, les combine et assigne un poids à chacun [20] [22].

Figure2. 4: Le schéma d'AdaBoost

ENISO

2.4) L'algorithme en cascade de classifieurs

La quatrième contribution de la méthode « Viola&Jones » est l'algorithme en cascades de classifieurs.

Une cascade se compose de n filtres dont chacun est un classifieur « faible » composé d'une seule caractéristique pseudo-Haar. Au cours d'une détection, si un filtre ne peut pas passer une sous-région alors on la classe immédiatement comme «Non visage » sinon la région est passée vers le filtre suivant. Les sous-régions de l'image qui traversent la totalité de cascade sont classés comme « visage » et tous les autres sont classées « Non Visage ». Les poids qu'AdaBoost attribue aux filtres déterminent l'ordre des filtres dans la cascade commençant par le poids le plus lourd vers celui le plus faible pour éliminer les régions « Non visage » le plus tôt possible.

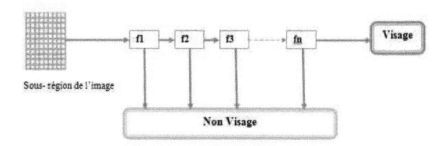

Figure2. 5: chaine de classifieurs en cascade

III. Explication d'un découpage facial du visage

Après extraire le visage par la méthode de « viola & Jones » on désire extraire les traits faciaux composant celui-ci (la bouche, le front, les yeux) et les couper chacun a part.

40

ENISO

1) Extraction des yeux :

1.1) Organigramme de la méthode d'extraction des yeux :

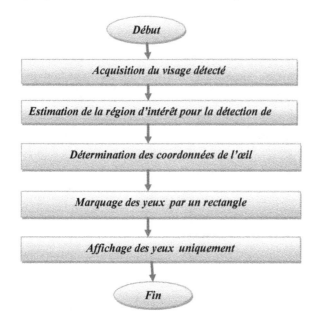

Figure2. 6: organigramme de la méthode d'extraction des yeux

1.2) Explication de la méthode d'extraction des yeux

a) Acquisition du visage détecté

Au cours de cette étape, on fait l'acquisition du visage détecté selon la méthode de « viola & Jones » pour l'utiliser dans l'étape de détection des yeux.

a) Estimation de la région d'intérêt pour la détection des yeux

Dans cette étape on estime une région d'intérêt du visage détecté pour la détection des yeux et on fait la recherche des yeux dans cette zone uniquement. Cette région est caractérisée par quatre paramètres qui sont :

- L'abscisse du point de départ : dans notre cas il est égal à l'abscisse du point de départ du visage détecté.

- L'ordonné du point de départ : il est égal a l'addition de l'ordonnée du point de départ du visage détecté avec la hauteur du visage divisée par 5,5.

41

ENISO

- La largeur : elle est égale à la largeur de visage.
- La hauteur : elle est égale à la hauteur de visage divisée par 3.

b) Détermination des coordonnées de l'œil dans le visage

Après avoir estimé la région d'intérêt pour la détection des yeux, on utilise la méthode de « viola & Jones » avec le cascade de Haar approprié pour la détection des yeux « haarcascade_eye » pour déterminer les coordonnées des yeux dans le visage. Cette étape nous donne comme résultat les coordonnées de l'œil, la largeur et la hauteur du rectangle englobant l'œil qu'on va le dessiner dans l'étape d'après.

c) Marquage des yeux par un rectangle

Après avoir déterminé les coordonnées, la largeur et l'hauteur de l'œil, on les marque par un rectangle.

d) Affichage des yeux uniquement

Au cours de cette étape on estime notre nouvelle région d'intérêt qui est le rectangle marquant les yeux et on coupe le reste de l'image pour avoir comme résultat les yeux uniquement.

2) Extraction de la bouche

2.1) organigramme de la méthode de l'extraction de la bouche

Figure2. 7: Organigramme de la méthode d'extraction de la bouche

ENISO

2.2) explication de la méthode d'extraction de la bouche

a) Acquisition du visage détecté

Au cours de cette étape, on fait l'acquisition du visage détecté selon la méthode de « viola & Jones » pour l'utiliser dans l'étape de détection de la bouche.

b) Estimation de la région d'intérêt pour la détection de la bouche

De même pour le cas de la détection des yeux, on estime une région d'intérêt du visage détecté pour la détection de la bouche et on fait la recherche de la bouche dans cette zone uniquement. Cette région est caractérisée par quatre paramètres qui sont :

- L'abscisse du point de départ : dans notre cas il est égal à l'abscisse du point de départ du visage détecté.
- L'ordonné du point de départ : il est égal a l'addition de l'ordonnée du point de départ du visage détecté avec la hauteur du visage multipliée par 2 et divisée par 5,5.
- La largeur : elle est égale à la largeur de visage.
- La hauteur : elle est égale à la hauteur de visage divisée par 2 ,5.

c) Détermination des coordonnées de la bouche dans le visage :

Après avoir estimé la région d'intérêt pour la détection de la bouche, on utilise la méthode de « viola & Jones » avec le cascade de Haar approprié pour la détection de la bouche « haarcascade_mcs_mouth » pour déterminer les coordonnées de la bouche dans le visage. Cette étape nous donne comme résultat les coordonnées de l'œil, la largeur et la hauteur du rectangle englobant l'œil qu'on va le dessiner dans l'étape d'après.

3) Extraction du front

3.1) Organigramme de la méthode d'extraction du front

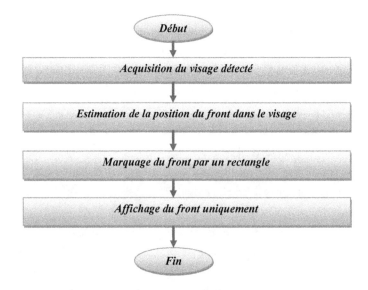

Figure2. 8: organigramme de la méthode d'extraction de front

2.2) Explication de la méthode d'extraction du front

a) Acquisition du visage détecté

Au cours de cette étape, on fait l'acquisition du visage détecté selon la méthode de « viola & Jones » pour l'utiliser dans l'étape de détection du front.

b) Estimation de la position du front dans le visage

Au cours de cette étape, on se base à l'estimation de la position du front. Cette estimation affirme que la largeur de front est 83% de la largeur du visage détecté et la hauteur de front est 22% de la largeur du visage détecté.

c) Marquage du front par un rectangle

Après avoir déterminé la position, la largeur et l'hauteur du front, on dessine un rectangle marquant celui-ci.

d) Affichage du front uniquement

Au cours de cette étape on estime notre nouvelle région d'intérêt qui est le rectangle marquant le front et on coupe le reste de l'image pour avoir comme résultat le front uniquement.

IV. Explication de la méthode de détection d'hypovigilance par analyse vidéo

Cette méthode de détection de l'hypovigilance se base sur deux étapes la première étape est la détection de l'iris de l'œil et la deuxième étape est la visualisation des clignements de l'œil.

1) Organigramme du système de la détection de l'iris de l'œil

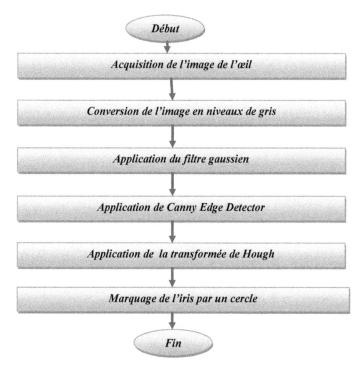

Figure2. 9: organigramme de la méthode de détection de l'iris de l'œil

2) Description des étapes de la méthode de détection de l'iris

2.1) Acquisition de l'image de l'œil

Au cours de cette étape, on récupère l'image résultante de l'étape de découpage des yeux. Pour la détection de l'iris on se limite à travailler sur l'image de l'œil uniquement et non pas sur tout le visage.

2.2) Conversion de l'image en niveaux de gris

Tous les traitements qu'on effectue sur l'image (filtre gaussien, canny edge detection) ne se basent pas sur la couleur donc on met l'image en niveaux de gris suivant l'équation :

Gris = (R+G+B) /3 on supposant que chaque pixel a trois composantes (R, G et B).

2.3) Application du filtre gaussien

L'utilisation d'un filtre gaussien est une étape primordiale pour le détecteur de contours « canny edge detector ». En effet, ce filtre permet de diminuer le bruit dans l'image d'origine pour préparer le terrain à une meilleure détection de contours (absence de faux positifs)[28].

En connaissant la valeur de σ on calcule le masque de ce filtre en utilisant l'équation (2.3) :

$$G_\sigma(x, y) = \frac{1}{\sqrt{2\pi\sigma^2}} exp\left[-\frac{x^2+y^2}{2\sigma^2}\right] \qquad (2.3)$$

Une fois le masque est calculé, on effectue la convolution de l'image avec ce filtre en utilisant l'équation (2 .4) :

$$g(x, y) = G_\sigma(x, y)*f(x, y) \qquad (2.4)$$

Avec f(x, y) : l'image d'origine.

Notons bien que l'erreur de la localisation dans les bords de l'image et la sensibilité de détecteur au bruit augmentent avec la largeur du masque.

Exemple d'un filtre gaussien dont la taille de sa fenêtre est 5 × 5 et σ = 1,4 :

$$G_\sigma = \frac{1}{159} \begin{array}{|c|c|c|c|c|} \hline 2 & 4 & 5 & 4 & 2 \\ \hline 4 & 9 & 12 & 9 & 4 \\ \hline 5 & 12 & 15 & 12 & 5 \\ \hline 4 & 9 & 12 & 9 & 4 \\ \hline 2 & 4 & 5 & 4 & 2 \\ \hline \end{array} \qquad (2.5)$$

2.4) Application du filtre « Canny Edge detector »

Un contour est un changement brusque d'intensité.

L'utilisation d'un détecteur de contours s'avère indispensable a la détection de l'iris de l'œil et prépare le terrain a une bonne détection de cercle qui est effectuée dans l'étape d'après par la transformée de Hough. En effet, la détection de bord de l'image permet de réduire considérablement la quantité de données et filtrer les informations inutiles.

Il existe divers algorithmes pour la détection de contours notons parmi eux Sobel, Perwitt, laplacian etc.. , ces algorithmes sont simples à mettre en œuvre mais non pas optimales.

Le détecteur de Canny est connu comme le détecteur optimal vu qu'il donne un faible taux d'erreur, minimise les distances entre les contours détectés et les contours réels et présente une seule réponse pour un contour (absence de faux positifs).

Donnons maintenant un aperçu sur les différentes étapes de ce filtre [28].

a) Calcul de l'intensité du gradient dans l'image :

Après avoir réduit le bruit par le filtre gaussien, on a recours à calculer l'intensité du gradient de l'image pour trouver le contour le plus dominant. On propose d'utiliser le filtre de Sobel pour le calcul de gradient, cet opérateur utilise une paire de masques de convolutions 3×3 une pour l'estimation du gradient suivant la direction x et l'autre celle suivant la direction y [28].

-1	0	1
-2	0	2
-1	0	1

G_x

1	2	1
0	0	0
-1	-2	-1

G_y

En connaissant $G_x(x, y)$ et $G_y(x, y)$ on peut calculer la norme de gradient suivant l'équation (2.6):

$$G = \sqrt{Gx(x,y)^2 + Gy(x,y)^2} \qquad (2.6)$$

Et l'angle de gradient suivant l'équation (2.6) :

$$\theta = \tan^{-1} \frac{Gy(x,y)}{Gx(x,y)} \qquad (2.7)$$

Cette approche présente comme inconvénient majeur le faite que la direction de l'angle de gradient peut prendre n'importe quelle valeur réelle pour cela on passe à calculer le gradient dans toutes les directions de l'image $(0°, 45°, 90°, 135°)$.

b) Calcul de la direction de contour dans l'image :

Une fois l'angle de gradient est connu, La prochaine étape consiste à relier la direction de gradient à une direction qui peut être tracée dans une image. Donc si les pixels d'une image sont alignés comme suit :

$$\begin{bmatrix} \times & \times & \times & \times & \times \\ \times & \times & \times & \times & \times \\ \times & \times & a & \times & \times \\ \times & \times & \times & \times & \times \\ \times & \times & \times & \times & \times \end{bmatrix}$$

Si on considère le pixel « a », il y a seulement quatre directions qui l'entourent $0°, 45°, 90°, 135°$ [28].

D'où la direction de contour θ' est calculée par l'arrondissement de l'angle θ. Evidemment pour les bords on a : $180° = 0°$ et $225° = 45°$ .Cela signifie que dans les plages $[-22,5°..22,5°]$ et $[157,5°..202,5°]$ (zone jaune) on a $\theta' = 0$, dans la plage $[22,5°, 67,5°]$ (zone verte) on a $\theta' = 45°$, dans la plage $[67,5°, 112,5°]$ (zone bleue) on a $\theta' = 90°$, dans la plage $[112°, 157°]$ (zone rouge) on a $\theta' = 135°$.

Ce schéma illustre bien ces constatations :

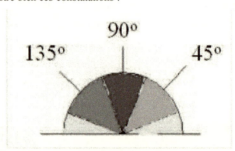

Figure2. 10: Direction du gradient [28]

c) Suppression des non maxima locaux

Après avoir déterminé la direction de contour dans l'image on cherche à garder seulement les pixels ayant une forte norme de gradient et supprimer les non maximum (les pixels ayant une faible norme de gradient).

D'où 3 pixels autour du pixel (x, y) sont examinées :

- Si $\theta'(x, y) = 0°$ alors les pixels (x+1, y), (x, y) et (x-1, y) sont examinés.
- Si $\theta'(x, y) = 90°$ alors les pixels (x, y+1), (x, y) et (x, y-1) sont examinés.
- Si $\theta'(x, y) = 45°$ alors les pixels (x+1, y+1), (x, y) et (x-1, y-1) sont examinés.
- Si $\theta'(x, y) = 135°$ alors les pixels (x+1, y-1), (x, y) et (x-1, y+1) sont examinés.

Si le pixel (x, y) a la norme de gradient la plus élevée par rapport aux trois autres pixels examinées alors il est considéré comme un point contour.

d) Seuillage par « Hystérésis »

L'étape 3 de l'algorithme de canny permet d'avoir des contours qui ne sont pas réellement existants (faux contours) cela est du au bruit. Donc, nous avons besoin de filtrer ce bruit .L'élimination des pixels dont la norme de gradient tombe au dessous d'un certain seuil supprime ce problème mais introduit un nouveau problème. En effet, si la norme de gradient d'un point oscille entre au dessous et a dessus du seuil, ce point va être supprimé.

- Si $G(x, y) < t_{low}$ alors ce pixel est jeté immédiatement.
- Si $G(x, y) > t_{high}$ alors ce pixel est considéré comme un point contour.
- Si $t_{low} < G(x, y) < t_{high}$ et l'un de ces pixels voisins a une norme de gradient supérieure a t_{high} alors ce pixel est considéré comme un point contour.
- Si aucun pixel n'a une norme de gradient supérieur a t_{high} mais on a au minimum un pixel qui chute entre t_{low} et t_{high} alors on cherche dans la région 5×5 si on trouve un pixel qui a la norme de gradient supérieure a t_{high} alors on considère le pixel(x, y) comme un point contour.
- Sinon on jette ce pixel. [28]

2.5) Application du transformée de Hough pour la détection de cercles

Après avoir détecté les contours par le filtre de Canny on a obtenu comme résultat une image binaire d'où on prépare le terrain à la méthode transformée de Hough pour aboutir a une bonne détection de cercle.

La transformée de Hough est une technique de reconnaissance de forme inventée en 1962 par « Paul Hough » [29].

Dans une image, une courbure de n'importe quelle forme peut être définie par un ensemble de points .Il s'agit généralement d'un ensemble de paramètres qui relient ces points par leur information spatiale dans l'espace image .D'ou la courbe est paramétrée et définie par une équation (droite, cercle, ellipse..).

Cette méthode permet d'établir une projection entre l'espace image et l'espace représentatif de la forme .Les deux espaces sont reliées par le modèle mathématique $x_i = f(x_i)$.

Par exemple une ligne droite est déterminée par l'équation : $y = m \times x + p$ ou m : représente la pente et p : l'ordonnée à l' origine puis la transformée de Hough est donnée par l'équation suivante :

$$I(x, y) \xrightarrow{\textit{Transformée de Hough}} H = \{m, p\} \qquad (2.8)$$

La forme de l'iris de l'œil est circulaire d'ou on utilise la transformée de Hough circulaire.

Elle est utilisée pour localiser toute forme circulaire dans l'image. L'équation correspond a un cercle de rayon r et de centre (a, b) est :

$$(x - a)^2 + (y - b)^2 = r^2 \qquad (2.9)$$

Le cercle peut être décrit par les deux équations suivantes :

$$x = a + r \cos \theta \qquad (2.10)$$
$$y = b + r \sin \theta \qquad (2.10)$$

D'où le rôle de cette méthode est de déterminer le triplet (a, b, r) qui permette de déterminer les points (x_i, y_i).

Deux cas peuvent se présenter comme l'indique la figure 2.11 :

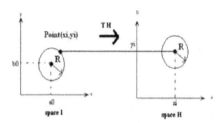

Figure2. 11:transformation d'un point dans le cercle [29]

Cas ou le rayon est connu :

Si le rayon est connu alors le paramètre de recherche est réduit au couple (a , b) et l'espace H (l'espace représentatif de la forme) est de dimension 2.

Nous considérons un cercle de rayon R et de centre (a_0, b_0) .La transformation de chaque point (x_i, y_i) dans l'espace I (espace image) donne un cercle de centre (x_i, y_i) et de rayon R [29].

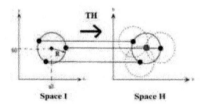

Figure2. 12:représentation de la transformée de Hough pour plusieurs points dans le cercle [29].

De même, on transforme tous les points du cercle dans l'image, le résultat sera l'intersection de cercles dans le point (a_0, b_0). Ce point est déterminé par recherche de maximum de l'accumulateur.

On peut utiliser un accumulateur qui possède trois paramètres. L'algorithme est le suivant :

Pour chaque point de contour de cercle :

- Dessiner un cercle en prenant ce point comme centre du cercle

- Incrémenter la valeur de tous les pixels su lesquels ce cercle passe dans la matrice de l'accumulateur

Chercher une ou plusieurs valeurs dans la matrice de l'accumulateur.

<u>Cas ou le rayon est inconnu :</u>

Dans ce cas, on cherche à trouver le triplet (a_0, b_0, r_0) du cercle d'où en travaille en 3D.

Pour chaque point (x_i y_i) de l'espace I , nous allons le relier a un cône dans l'espace H , le rayon varie de 0 a une valeur donnée comme l'indique la figure.

Après la transformation de tous les points contours de la même manière, l'intersection nous donne une surface sphérique qui correspond au maximum de l'accumulateur. Cette surface est caractérisée par le centre (a_0, b_0) et le rayon r_0 recherché [29].

Conclusion

Dans ce chapitre, nous avons détaillé dans la première section notre solution pour le découpage facial et la détection de l'hypovigilance et de la baisse de la fatigue. Pour ce faire, nous avons présenté l'organigramme de notre application ainsi qu'une brève description des différentes étapes.

Dans la deuxième section, nous avons décrit la technique utilisée pour la détection de visage qui est la méthode de « Viola & Jones ».

Dans la troisième section, nous avons exposé une explication de notre approche pour le découpage facial du visage. Et nous finissons ce chapitre dans la dernière section par une présentation de notre système de détection d'hypovigilance ainsi que les différentes étapes.

Dans le chapitre suivant, nous allons présenter l'implémentation du système présenté ainsi que les différents résultats obtenus.

Chapitre 3

Développement de la méthode de détection de l'hypovigilance et de la baisse de fatigue

Introduction

Dans le chapitre précédent, nous avons fait une étude théorique sur la détection de visage dans une séquence vidéo et le découpage facial pour aboutir à une approche de détection de l'hypovigilance qui se base principalement sur une détection de clignements de l'œil. Nous avons décidé donc d'exploiter la capacité de ces algorithmes expérimentalement.

Dans la première section, nous allons présenter les outils nécessaires dans l'implémentation de notre système. Dans la deuxième section, nous allons faire une description de fonctionnement de notre système. Dans la troisième section, nous donnons une présentation des différentes interfaces graphiques de notre application développée en langage java et nous finissons ce chapitre par une présentation des résultats pour évaluer le taux de réussite de l'algorithme de découpage facial du visage et de celui de détection de l'hypovigilance sur notre base de données.

I. Les outils de travail

1) Base de données

La réalisation de notre approche exige la création d'une base de données qui contient des vidéos. Ces vidéos sont capturées par une caméra de résolution «5,3 Mega pixels »et de fréquence 25 trames/seconde, ils sont de format « MPG » et de taille 720×576 avec un éclairage fort.

Les vidéos sont prises par 4 personnes (pour chaque personne on a deux vidéos une pour le clignement normal et une pour le clignement avec fatigue).

- Vidéo 1 (24s) : clignement normal
- Vidéo 2 (23s) : clignement avec fatigue
- Vidéo 3 (32s) : clignement normal
- Vidéo 4 (45s) : clignement avec fatigue
- Vidéo 5 (32s) : clignement normal
- Vidéo 6 (29s) : clignement avec fatigue
- Vidéo 7(28s) : clignement normal
- Vidéo 8 (35s) : clignement avec fatigue

2) Outils logiciels

2.1) Le langage Java

Nous avons choisi d'utiliser Java comme langage de programmation orientée objet vu qu'il présente une particularité qui est la portabilité. En effet, les applications développées en Java peuvent être exécutées sur n'importe quel système d'exploitation (Windows, Unix, MacOS etc..) à l'aide de la plateforme Java JRE (Java Runtime Environment) qui est constituée d'une JVM (Java Virtual Machine).

Ce langage de programmation présente des avantages par rapport au langage C++ notons parmi eux l'absence des pointeurs et des allocations et de libérations manuelles de mémoire (En Java, la mémoire est libérée automatiquement) ajoutons a cela que Java est facile à utiliser par rapport a C++.

Pour développer notre système on a recours à utiliser une version récente de JDK (1.7.0_04) et la plateforme Eclipse.

2.2) La librairie Open CV «Open Source Computer Vision Library » :

C'est une bibliothèque initialement développée par Intel, spécialisée dans le traitement d'images en temps réel. Elle est compatible avec le processus IPL (Image processing Library). Elle implémente divers fonctions en traitement de bas niveau des images (lissage, filtrage, calcul d'histogramme, seuillage d'image, segmentation) et en traitement de haut niveau des images tel que la calibration des caméras, le suivi de flux optique, la détection des objets, la méthode de viola & Jones pour la détection de visage etc.

Ces fonctions sont écrites en langage C++ puis exportées vers une multitude des langages tel que Python, JAVA, ANDROID etc.

Afin de pouvoir exploiter les fonctions de cette bibliothèque, on a recours a utiliser son interface sous java « Java CV », cette interface sert comme liaison entre la librairie « Open CV » et les programmes JAVA [24].

2.3) La librairie « Java CV »

Cette librairie présente une implémentation en langage Java des fonctions offertes par la bibliothèque « Open CV ».

II.   Présentation de l'application

Notre application consiste à faire un découpage facial de visage pour détecter la fatigue et la baisse de vigilance.

Pour atteindre le résultat final de la détection de la baisse de vigilance il faut passer par deux étapes.

La première étape est la détection des yeux dans un visage qui débute par un découpage facial du visage. La deuxième étape est la détection de clignement des yeux qui est basée principalement sur la détection de l'iris de l'œil et ensuite faire une courbe qui sert comme résultat de cette étape et enfin l'analyse de cette courbe permet de déterminer l'état de l'hypovigilance.

1) Méthodologie de détection de visage

Notre méthodologie de détection consiste de décider l'existence ou non d'un visage dans une image et ceci en utilisant un détecteur de visages.

La bibliothèque « Open CV » implémente la méthode de détection de visage «Viola&Jones » et donne comme résultat une liste des fichiers « .XML » dits classifieurs en cascade de Haar. Donc on exploite le classifieur évalué dans le fichier « haarcascade_frontalface_alt2.xml » pour détecter les visages frontales dans les images .Nous avons de même des classifieurs pour le nez, la bouche et les yeux.

Cette bibliothèque nous offre aussi plein de fonctions qu'on utilise concernant la détection de visage dans une vidéo tout en respectant les modifications de positions .En effet, On coupe la vidéo en des trames et on traite la séquence vidéo image par image et notre détection a pu suivre le mouvement du visage détecté et on a obtenu un résultat parfait.

Après avoir détecté le visage et déterminé ses coordonnées on passe ce résultat à une fonction qui dessine un rectangle englobant celui-ci.

Cette méthode de détection s'applique seulement sur des images en niveaux de gris.

Pour évaluer la performance de notre système de détection, nous utilisons les définitions suivantes :

- Vrai positif : le système détecte la zone du visage dans l'image et il retourne ses coordonnées (position, hauteur et largeur) comme résultat.
- Faux positif : le système détecte une zone de l'image ne contenant pas de visage et il retourne ses coordonnées.
- Vrai négatif : le système a bien détecté que l'image ne présente pas un visage.
- faux négatif : l'image présente un visage par contre le système n'arrive pas à le détecter.

La figure 3.1 présente les résultats obtenus suite à l'application de l'algorithme de détection de visage sur notre base de données.

Figure3. 1: Détection de visage en dessinant un rectangle englobant dans chaque frame en utilisant « haarcascade_frontalface_al2.xml »

2) Définition d'un découpage facial du visage

Après avoir détecté le visage par le classifieur « haarcascade_frontalface_al2.xml », nous avons remarqué qu'après l'application des classifieurs pour la bouche

« haarcascade_mcs_mouth pour les yeux « haarcascade_eye » directement, on a obtenu beaucoup de faux positifs comme l'illustre la figure 3.2.

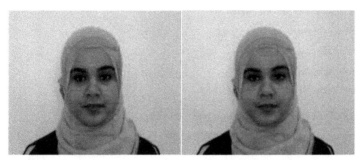

Figure3. 2: Application de « haarcascade_eye » and « haarcascade_mouth »directement

En regardant ces résultats on essaye de minimiser les fausses détections en utilisant une méthode d'estimation de la position de la bouche et des yeux dans le visage détecté.

L'idée est d'estimer la région d'intérêt pour chaque trait du visage (les yeux, la bouche, et le front) et utiliser le classifieur de Haar approprié pour détecter les yeux et la bouche.

La figure 3.3 explique cette méthode de découpage de visage.

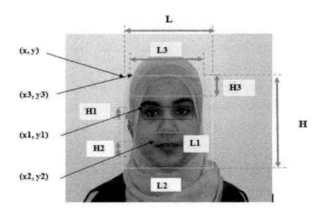

Figure3. 3:découpage facial du visage

2.1) Légende de la figure 3.3

L : largeur de visage

H : Longueur de visage

(x, y) : coordonnées du point initial du visage

L1 : largeur du rectangle englobant les yeux

H1 : hauteur du rectangle englobant les yeux

(x1, y1) : coordonnées du point initial des yeux

L2 : largeur du rectangle englobant la bouche

H2 : hauteur du rectangle englobant la bouche

(x2, y2) : coordonnées du point initial de la bouche

2.2) Explication de la méthode de découpage facial du visage

Dans cette figure, nous expliquons comment déterminer les coordonnées des rectangles englobant la bouche et les yeux une fois que nous avons eu les coordonnées du visage, La phase de détection fournit comme résultat, les coordonnées du point initial du visage (c'est le point i=(x, y)), la largeur L et la hauteur H du visage. Ensuite, nous passons ces informations à une fonction qui dessine un rectangle marquant le visage détecté.

Pour la détection des yeux, on cherche les yeux dans toute la largeur du visage et dans une hauteur (H/3) du visage en utilisant le classifieur de Haar « haarcascade_eye ». Après avoir déterminé les coordonnées du point initial des yeux (x1, y1) et la largeur L1 et la hauteur H1 du rectangle englobant les yeux on dessine ce dernier.

De même pour la détection de la bouche, on cherche la bouche dans une largeur L2 du visage et dans une longeur H1 en utilisant le classifieur « haarcascade_mcs_mouth ». Après avoir déterminé les coordonnées du point initial de la bouche (x2, y2) et la largeur L2 et l'hauteur H2 du rectangle englobant la bouche, on dessine ce dernier.

D'où nous localisons les traits faciaux comme l'indique ce tableau.

Ce tableau donne les résultats obtenus lors de l'application de l'algorithme de détection de visage sur une vidéo de notre base de données.

Traits faciaux	Position x	Position y	largeur	hauteur
visage	196	143	316	316
front	211,68	143	262	69
yeux	70	49	43	175
bouche	111	13	53	88

Tableau3. 1:localisation des traits faciaux

A travers cette localisation, nous pouvons enregistrer les différents zones des visages chacun a part sous forme d'une image comme l'indique la figure 3.5:

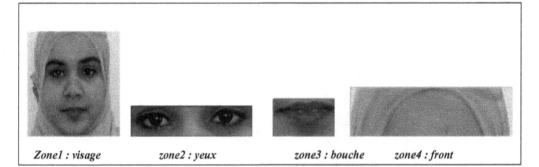

Zone1 : visage   *zone2 : yeux*   *zone3 : bouche*   *zone4 : front*

Figure3. 4:traits des visages enregistrés dans des images

Même à la présence de lunettes ou de barbe on a un résultat correct comme l'illustre la figure 3.6.

Figure3. 5:résultat positif de l'extraction des caractéristiques faciales

3) Détection de l'iris et analyse de l'hypovigilance

3.1) Découpage de l'œil

Avant tout, il faut découper un seul œil du visage.

Les résultats obtenus sont les suivant :

ENISO

(a)   (b)

Figure3. 6: Résultat de découpage de l'œil (a) : cas d'un œil ouverte, (b) : cas d'un œil fermée

3.2) Conversion de l'image en niveaux de gris

Les résultats obtenus sont les suivant :

(a)   (b)

Figure3. 7: Résultat de la conversion en niveaux de gris (a) : cas d'un œil ouverte, (b) : cas d'un œil fermée

3.3) Application d'un filtre gaussien

On utilise un filtre gaussien de taille de fenêtre 3 × 3 .

(a)   (b)

Figure3. 8: Résultat de l'application du filtre gaussien (a) : cas d'un œil ouverte, (b) : cas d'un œil fermée

3.4) Application du filtre de Canny

On utilise un filtre de Canny avec un seuil minimum = 100 et un seuil maximum = 200 et une fenêtre de taille 3 × 3 utilisée par le filtre de Sobel pour calculer le gradient suivant x et le gradient suivant y.

(a)   (b)

Figure3. 9: Résultat de l'application du filtre da canny (a) : cas d'un œil ouverte, (b) : cas d'un œil fermée

3.5) Application de la transformée de Hough pour la détection de cercles

On implémente la transformée de hough avec la méthode « CV_Hough_Gradient » avec les paramètres suivant :

- Inverse ratio(raison inverse) : si elle est égale a 1 alors l'accumulateur a la même résolution que l'image d'entrée alors que si elle est égale a 2 l'accumulateur est a moitié de largeur et de longueur par rapport a l'image d'entrée .
  On a choisi inverse ratio = 4.
- La distance minimale entre les centres de cercles détectés : si ce paramètre est trop petit alors on risque d'avoir beaucoup de fausses détections alors que s'il est trop grand, on risque d'avoir des cercles manquants.

On a choisi la distance minimale entre les centres de cercles détectés égale l'hauteur de l'image× 2.

- Le seuil maximal transmis au détecteur de canny. Dans notre cas il est égal à 60.
- Le seuil de l'accumulateur pour les centres de cercles détectés. Plus qu'il est petit, plus qu'on risque d'avoir des fausses cercles détectées. Dans notre cas il est égal à 20.
- le rayon de cercle minimum, on sait que le rayon de l'iris varie entre 6 et 7 donc on choisit le rayon minimal égal à 6.
- Le rayon maximum. dans notre cas il est égal à 18.

Voici les résultats de cette méthode sur un œil ouverte et un œil fermée.

 (a)   (b)

Figure3. 10: Résultat de l'application de la transformée de Hough (a) : cas d'un œil ouverte, (b) : cas d'un œil fermée

III. Présentation des interfaces de système

1) L'interface principale

La première interface affichée lors du lancement de notre application est celle représentée par la figure 3.12.

Figure3. 11: Interface principale

Cette interface contient deux boutons :

- Bouton « vidéo » : lorsqu'il est appuyé l'interface « traitement vidéo » se lance.
- Bouton « image » : lorsqu'il est appuyé l'interface « traitement image » se lance.

2) L'interface traitement image

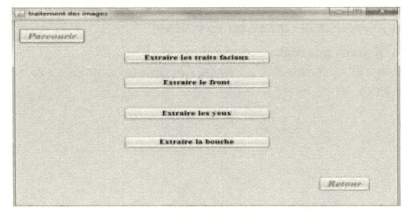

Figure3. 12: interface traitement image

Cette interface contient 6 boutons :

- Le bouton « parcourir » permet de choisir une image à partir d'un fichier.

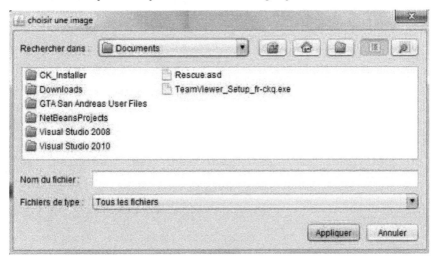

Figure3. 13: parcours d'une image à partir d'un fichier

- Le bouton « extraire les traits faciaux » : ce bouton permet de détecter le visage par la méthode « viola & Jones » expliquée dans le chapitre 2 et dessiner un rectangle englobant celui-ci et permet aussi de découper le visage en des régions (la bouche, les yeux et le front) et marquer chacune par un rectangle. ajoutons à cela que ce bouton permet de sauvegarder l'image résultante dans un fichier.

- Le bouton « extraire le front » : ce bouton permet d'extraire le front du visage et de sauvegarder l'image résultante dans un fichier.

- Le bouton « extraire la bouche » : Ce bouton permet d'extraire la bouche du visage et de sauvegarder l'image résultante dans un fichier.

- Le bouton « extraire les yeux » : Ce bouton permet d'extraire les yeux du visage et de sauvegarder l'image résultante dans un fichier.

- Le bouton « retour » : Ce bouton permet de retourner à l'interface principale.

3) L'interface traitement vidéo

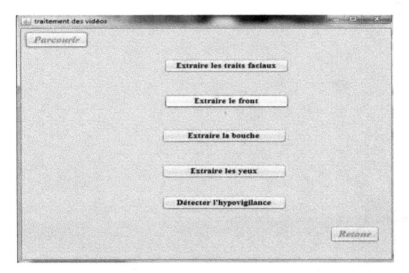

Figure3. 14: l'interface traitement vidéo

Cette interface contient aussi 6 boutons :

- Le bouton « parcourir » : Ce bouton permet de choisir une vidéo à partir d'un fichier.

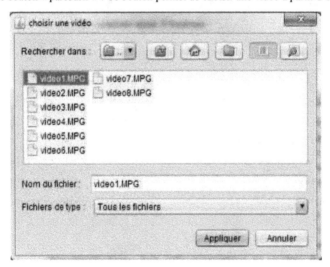

Figure3. 15: parcours d'une vidéo à partir d'un fichier

- Le bouton « extraire les traits faciaux » : Ce bouton permet de lire toutes les frames de la vidéo en premier lieu. En deuxième lieu, il permet d'appliquer la méthode de détection de visage sur tous les frames de la vidéo et dessiner un rectangle englobant celui-ci. En troisième lieu, il permet d'extraire les traits faciaux caractérisant le visage (la bouche, les yeux et le front) en marquant chacune par un rectangle. et enfin, ce bouton permet de sauvegarder ces résultats dans un dossier.
- Le bouton « extraire les yeux » : Ce bouton permet d'extraire les yeux du visage dans tous les frames de la vidéo et enregistrer les résultats dans un dossier.
- Le bouton « extraire la bouche » : Ce bouton permet d'extraire la bouche du visage dans tous les frames de la vidéo et enregistrer les résultats dans un dossier.
- Le bouton « extraire le front » : Ce bouton permet d'extraire le front du visage dans tous les frames de la vidéo et enregistrer les résultats dans un dossier.
- Le bouton « appliquer » : permet de lancer l'interface « détection d'hypovigilance »
- Le bouton « retour » : Ce bouton permet de retourner à l'interface « traitement vidéo »

4. L'interface détection d'hypovigilance :

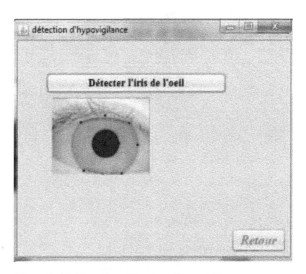

Figure3. 16: l'interface détection d'hypovigilance

Cette interface contient 3 boutons :

- Bouton « détection de l'iris » : Ce bouton permet en premier lieu d'extraire l'œil du visage dans toutes les frames de la vidéo. En deuxième lieu, il permet de détecter l'iris

dans tous ces images en marquant un cercle englobant celui-ci et enregistrer les
images résultantes dans un dossier .Ajoutons a cela qu'on enregistrer les résultats dans
un fichier texte.

- Bouton « affichage de la courbe » : ce bouton permet de visualiser la courbe des
  clignements de l'œil a partir des résultats récupérées du fichier texte.
- Bouton « retour » : Ce bouton permet de retourner a l'interface « traitement vidéo »

IV.   Résultats et tests

1) Résultats de découpage de visage

En testant notre algorithme de détection et de découpage de visages sur notre base de données
on obtient des taux de réussites satisfaisants.

Vidéo	Visage(%)	Bouche(%)	Yeux(%)	Front(%)
Vidéo 1	92,72	98,55	100	100
Vidéo 2	99,03	100	100	100
Vidéo 3	96,81	90,64	100	100
Vidéo 4	87,2	96,69	99,56	100
Vidéo 5	99,52	61,96	100	100
Vidéo 6	96,32	94,37	99,62	100
Vidéo 7	93,21	84,51	97,46	100
Vidéo 8	91,45	88,73	98,96	100

Tableau3. 2: taux de réussite de l'algorithme de découpage de visage

D'après ces valeurs on fait la moyenne de taux de réussite, on obtient :

- Pour le visage le taux de réussite moyen est : 94,53%
- Pour la bouche le taux de réussite moyen est : 89,38%
- Pour les yeux le taux de réussite moyen est : 99,45 %
- Pour le front le taux de réussite moyen est : 100%

2) Résultats de détection des clignements

La Figure 3.19 nous présente les résultats de détection de clignements appliqués sur notre
base de données. Ces courbes sont prises pour des personnes fatiguées et par des personnes
ayant des clignements normaux. Les clignements sont correctement détectés avec un
pourcentage de 89,69 %.

On a des fausses détections donc on procède a améliorer les courbes de clignements.

On obtient les résultats suivants :

2.1) Clignement normal :

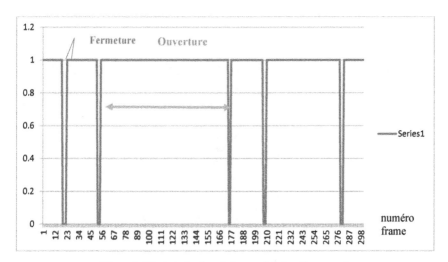

Figure3. 17:visualisation de la courbe des clignements

Les durées d'ouvertures et de fermeture de l'œil sont les suivants :

Ouverture	Durée en secondes	Fermeture	Durée en secondes
1	0,72s	1	0,16s
2	1,12s	2	0,12s
3	4,76s	3	0,08s
4	1,2s	4	0,12s
5	2,76s	5	0,12s
6	0,76s		

Tableau3. 3:durées d'ouvertures et durées de fermetures de l'œil

ENISO

On sait que lors du clignement normal l'œil reste fermée pendant 0,2s et lors du clignement lent, l'œil reste fermée pendant 0,5 s donc si la durée de fermeture de l'œil dépasse 0,5s alors on conclut que la personne est fatiguée et la conduite dans cet état présente un danger.

Dans le cas de la figure 3.17 on remarque que toutes les durées de fermetures de l'œil ne dépassent pas 0,5 s alors on affirme que c'est un clignement normal.

2.2) Clignement avec fatigue :

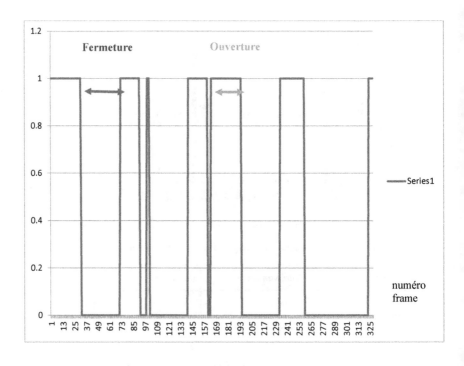

Figure3. 18: visualisation de la courbe des clignements

Les durées d'ouvertures et de fermeture de l'œil sont les suivants :

ENISO

Ouverture	Durée en secondes	Fermeture	Durée en secondes
1	1,24s	1	1,56s
2	0,76s	2	0,28s
3	0,12s	3	1,56s
4	0,8s	4	0,12s
5	1,24s	5	1,56s
6	1s	6	2,56s
7	0,2s		

Tableau3. 4:durées d'ouvertures et durées de fermetures de l'œil

Dans le cas de la figure 3.18 on remarque que les durées de fermetures de l'œil dépassent 0,5s (on a 1,56s et 2,56s) d'où on conclut que la personne est fatiguée et la conduite dans cet état présente un danger.

Conclusion et perspectives

Ce travail de projet permet de découper le visage et de détecter automatiquement la baisse de vigilance.

Pour ce faire , dans le premier chapitre « état de l'art sur le découpage facial pour la détection de fatigue et de baisse de vigilance , nous avons cité les différentes approches existantes pour la détection de visage et nous avons décidé de choisir la méthode « Viola 1 Jones » Vu qu'elle est rapide et robuste ajoutons a cela que nous avons fait un aperçu sur les méthodes de détection de l'hypovigilance et nous avons inspiré d'eux pour aboutir a notre choix « la détection de l'hypovigilance par analyse de clignements de l'œil » .

Dans le deuxième chapitre « description de l'approche proposée », nous avons décrit notre approche proposée pour la détection de visage et la détection de l'iris de l'œil tout en donnant les différentes étapes.

Dans le troisième chapitre, « Implémentation », nous avons   donné les résultats obtenus suite à l'application des algorithmes sur notre base de données constituée de 8 vidéos pour des personnes différentes. Nous avons obtenus des résultats satisfaisants (94,53 % pour la détection de visage, 89,38 pour la détection du front, 99,45 pour la détection des yeux et 100 % pour la détection du front).

Concernant les résultats obtenus suite à l'application de l'algorithme de détection de l'iris, on remarque que les clignements sont correctement détectés par un pourcentage de 89,69%. Suite a ca, on fait la visualisation de la courbe de clignements pour aboutir a une connaissance de l'état de la vigilance.

Dans notre approche on étudie la détection de l'hypovigilance à partir des yeux. Par ailleurs on peut détecter l'hypovigilance a partir de la bouche (détection des bâillements de la bouche) et a partir du front (les rides du front) et en fait une corrélation entres ces résultats pour conclure a propos de l'état de l'hypovigilance de la personne.

Bibliographie

[2] : Gael Jaboulay. Les formats de fichiers d'images

[4] : Prakash Mallick , Ashish Ankur " *Design Of Human Facial Feature Recognition System* " , Department of Electrical Engineering National Institute of Technology, Rourkela , 2012 .

[5]: H. A. Rowley, S. Baluja, and T. Kanade. Neural Network- Based Face Detection. *IEEE Transactions on Pattern Analysis and Machine Intelligence*, 20(1):23–38, 1998.

[6] Scott Tan Yeh Ping, Chun Hui Weng, Boonping Lau *"Face Detection Through Template Matching And Color Segmentation "*, EE 368 Final Project.

[7] Ming-Hsuan Yang *"Recent advances in face detection "*, Honda Research Institute Mountain View, California, USA, 2004

[8] M. Turk, A. Pentland, *"Eigenfaces for Recognition"*, Journal of Cognitive Neurosicence, volume 3, pp 71-86, 1991.

[9]: E. Osuna, R. Freund, and F. Girosi, "Training support vector machines: an application to face detection," in Proceedings of the IEEE Conference on Computer Vision and Patter Recognition, 1997.

[10]: Stefan Eickeler , Frank Wallhoff, Frank Wallhoff, Gerhard Rigoll *" Content-Based Indexing Of Images And Video Using Face Detection And Recognition Methods "*

[11] : Noureddine Besbes, « *Indexation En Intervenat D'un Document Video Par Identification De Visage* ».

[12]: K. Blinowska and P. Durka, *"Wiley Encyclopedia of Biomedical Engineering, chapter Electroencephalography (EEG)"*. Wiley2006.

[14]: A.Benoit, A.Caplier, *"Motion Estimator Inspired From Biological Model for Head Motion Interpretation"*. 2005

[15] : Antoine PICOT, « *Détection D'hypovigilance Chez Le Conducteur Par Fusion D'informations Physiologiques Et Video* », GIPSA-Lab / DA 2009.
[16]: P. Viola, M. Jones, *"Robust real-time face detection"*, International Conference on Computer Vision, volume 2, pp 747, 2001.

[18] : Mathieu Van Wambeke, *"Reconnaissance et suivi de visages et implémentation en robotique temps-réel "*, Mémoire de fin d'études, Université Catholique de Louvain, 2010

[19] : P. A. Negri, *"Détection et Reconnaissance d'objets structurés : Application aux Transports Intelligents"*, Thèse, Université Pierre et Marie Curie - Paris VI, France, 2008

ENISO

[20]: P. Viola, M. Jones, *"Robust real-time face detection"*, International Conference on Computer Vision, volume 2, 2001.

[21]: P. Viola, M. Jones, *"Rapid object detection using a boosted cascade of simple Features"*, IEEE Conference on Computer Vision and Pattern Recognition, volume 1, 2001

[22]: Y. Freund, R. Schapire, *"Experiments with a new boosting algorithm"*, International Conference on Machine Learning, 1996.

[26]: Phil Brimblecombe,*"Face Detection usingNeural Networks"*, Meng Electronic Engineering School of Electronics and Physical Sciences

[27] : S. Zhao, *"Apprentissage et Recherche par le Contenu Visuel de Catégories Sémantiques d'Objets Vidéo "*, Master, Université Paris Descartes, France, Juillet 2007

[28]: JOHN CANNY, *"Canny Edge Detection"*, Mars 2009

[29]: Noureddine Cherabit, Fatma Zohra Chelali, Amar Djeradi , *"Circular Hough Transform for Iris localization"* Faculty of Electronic engineering and computer science University of Science and Technology Houari Boumedienne (USTHB)

ENISO

Netographie

[1] : Daniel Peraya. Les types d'images. http://tecfa.unige.ch/tecfa/teaching/staf13/fiches-mm/bitmapvectoriel.htm

[3] : http://www.techno-science.net/?onglet=glossaire&definition=7376

[13]: http://www.rvd-psychologue.com/neurofeedback-eeg-ondes-cerveaux.html

[23]:http://docs.opencv.org/doc/tutorials/imgproc/imgtrans/canny_detector/canny_detector.html

[24]: http://opencv.org/

[25]: http://raphael.isdant.free.fr/traitement_numerique/2-traitement_numerique_de_l'image.pdf

ENISO

Annexe

Clignement normal

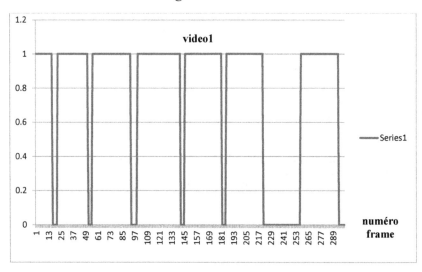

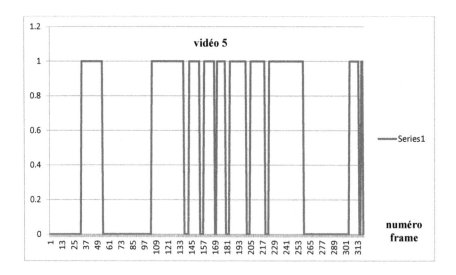

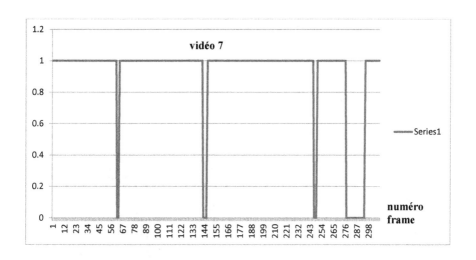

Clignement avec fatigue

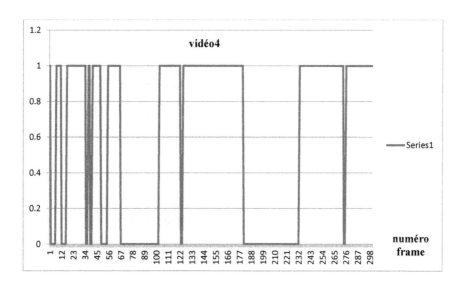

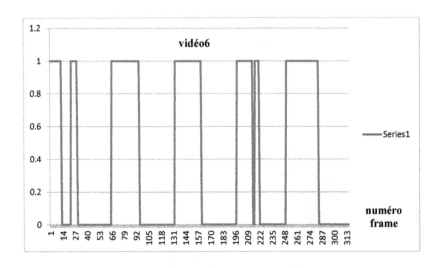

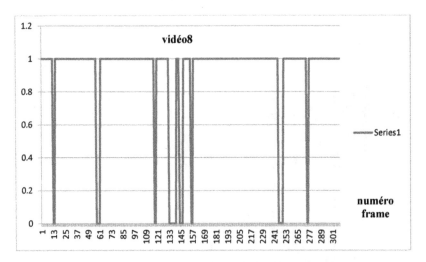

Figure3. 19:visualisation de la courbe des clignements

www.ingramcontent.com/pod-product-compliance
Lightning Source LLC
LaVergne TN
LVHW042344060326
832902LV00006B/372